Alice Thinschmidt &
Daniel Böswirth

Sonnenliebende Stauden für naturnahe Gärten

Inhalt

Vorwort

Was wäre ein naturnaher Garten ohne Blütenpflanzen? Im Frühling erfreuen uns die ersten bunten Grüße aus dem Garten, den ganzen Sommer hindurch sorgen ausgewählte Stauden, wie Sonnenblumen, Sonnenaugen und Schafgarben für gute Laune. Im spätsommerlichen Garten verbreiten die Halme und Blüten der Prachtblüher zusammen mit Gräsern besonderes Flair. Und selbst während der kalten Jahreszeit, wenn die Farben langsam von kräftigem Grün zu angenehmen Brauntönen wechseln – entstehen im Licht der tief stehenden Sonne bezaubernde Gartenbilder. Wenn sich die Pflanzen im Winter in den Boden zurückziehen, heißt das nicht, dass sie damit ganz abgestorben sind. Ganz im Gegenteil – je älter die hier vorgestellten, unkomplizierten Pflanzen sind, umso kräftiger und strahlender erwachen sie im nächsten Jahr zu neuem Leben.

Stauden, die die Sonne lieben, lassen uns nicht nur den Wechsel der Jahreszeiten erleben, sie können bei Sonnenschein auch wahre Blütenfeuerwerke in den Garten zaubern! Wer auf Blumenbeeten, neben Eingangstüren und in der Nähe von Terrassen für mehr Farbe sorgen will, kann aus einer Fülle an Farben, Größen und Wuchsformen wählen. Aus der enormen Fülle an interessanten Pflanzen werden hier jene besprochen, die gut in Naturgärten passen. Für besonders trockene und steinige Standorte eignen sich spezielle Wildstauden, denen dieses Buch zum Thema »Natur im Garten« ein eigenes Kapitel widmet. Mit geringstem Pflegeaufwand können auch Sie sich in den kommenden Gartensaisonen an diesen gesunden Pflanzen erfreuen. Eines ist sicher: so wie die Stauden, werden auch Sie in die Sonne lachen.

Landeshauptmann Dr. Erwin Pröll

Landesrat Mag. Wolfgang Sobotka

Stauden-Einmaleins – jede Menge Praxistipps

Mit dem Pflanzen der Stauden an einem Standort, der ihren natürlichen Ansprüchen an Boden, Wasser und Licht entspricht, fängt alles an. Passen die Bedingungen, wachsen und blühen sie zur Freude aller Naturgärtner. Fragen zu Rückschnitt, Düngung, Gießen, Krankheiten und Schädlingen versucht man im Naturgarten mit mehr Weitblick zu stellen: Welcher Schnitt-Termin ist für Vögel oder Insekten im Garten am besten, welche Dünger fördern die Bodenfruchtbarkeit, lässt sich Wasser beim Gießen sparen, wie kann man Schädlinge biologisch bekämpfen?

Stauden – was ist das eigentlich?

Königskerzen überwintern mit ihren Blattrosetten.

Hollerstauden oder Krautstauden?

Das Wort »Staude« sorgt mitunter für Verwirrung. Denn schließlich schlägt auch der Duden als Synonym »Busch« vor und nicht etwa »Blume« oder »Gartenpflanze«. Der gärtnerische Begriff Staude beschreibt Pflanzen, die viele Jahre leben, dabei aber kein Holz mit Jahresringen ausbilden wie Bäume und Sträucher, sondern »krautig« bleiben. Das muss nicht unbedingt »weich« bedeuten, denn viele haben harte und robuste, oder dünne, drahtige Stiele.

Einjährige Sommerblumen sterben mit den Oktoberfrösten ab, Stauden aber überdauern den Winter. Durch rübenartig verdickte Wurzeln, Ausläufer oder Rhizome sind sie in der Lage, Eis, Frost und Schnee, aber auch langen Trockenperioden zu trotzen. Auch mit Hilfe von Zwiebeln und Knollen lassen sich kalte oder trockene Jahreszeiten im Boden gut überdauern. Solche Pflanzen werden von Gärtnern aber als eigene Gruppe behandelt, obwohl sie natürlich auch Stauden sind.

Lavendel *(Lavandula angustifolia)* und Sonnenröschen *(Helianthemum-*Arten) zum Beispiel sehen zwar wie Stauden aus, ihre Triebe sind aber am Grunde holzig. Sie müssten daher eigentlich zu den (Zwerg-)Sträuchern bzw. Halbsträuchern gezählt werden. Doch in jeder Gärtnerei werden sie wegen ihrer bescheidenen Größe zu den Stauden gereiht.

Wie Stauden überwintern

Schwarz gezeichnete Pflanzenteile überdauern die kalte Jahreszeit.

Ein Staudenleben kann kurz oder lang sein

CA. 2–4 JAHRE

- Kokardenblume *(Gaillardia-Hybriden)*
- Mädchenauge *(Coreopsis grandiflora)*
- Akelei *(Aquilegia*-Arten)
- Lupine *(Lupinus-Hybriden)*
- Muskatellersalbei *(Salvia sclarea)*

10 JAHRE UND MEHR

- Riesensteinbrech, Bergenie *(Bergenia cordifolia)*
- Pfingstrosen *(Paeonia*-Arten)
- Schafgarben *(Achillea*-Arten)
- Astern *(Aster*-Arten)
- Schleifenblume *(Iberis sempervirens)*
- Taglilie *(Hemerocallis*-Arten)
- Gilbweiderich *(Lysimachia punctata)*
- Lavendel *(Lavandula angustifolia)*

Dauerblüher und langlebig: Staudenwicke

Ein Kommen und Gehen

Viele Stauden »verschwinden« für einige Zeit im Jahr ganz oder teilweise von der Oberfläche. Manche ziehen schon im Sommer ein, die meisten allerdings über den Winter, um im Frühling erneut auszutreiben. Zurück bleiben vergilbte, vertrocknete Blätter, braune Fruchtstände oder Blütenreste. Auch sie haben ihren Reiz und im Naturgarten eine wichtige Funktion als Nahrung und Unterschlupf für viele Tiere. Das Erwachen, Blühen und Vergehen der Stauden lässt uns am jährlichen Rhythmus der Natur Anteil nehmen. So schön und berauschend ihr Austrieb im Frühling war, so berührend ist auch ihr »Sterben« im späten Herbst.

AUSDAUERND? – Stauden leben einige Jahre bis Jahrzehnte, doch lässt sich ihre Lebensdauer mit der von Bäumen oder Sträuchern selten vergleichen. Die Eigenschaft »ausdauernd« ist relativ: Manche Stauden wie die Lupinen *(Lupinus-Hybriden)* beehren den Garten nur vergleichsweise kurz. Andere wie die Pfingstrosen *(Paeonia*-Arten) oder der Riesensteinbrech *(Bergenia cordifolia)* entwickeln sich nur langsam, sind dafür aber sehr langlebig und werden mit den Jahren immer schöner. Sie erben noch die Kinder oder Enkel zusammen mit dem Garten.

Kaufen, schenken oder tauschen

Einfach heranzuziehende Pflanzen wie Bartnelken lassen sich schnell und einfach vermehren.

Es gibt mehrere Möglichkeiten, zu Stauden für den eigenen Garten zu kommen. Oft wachsen die geteilten Stöcke vom Nachbarn oder von der Freundin am besten an, haben sie sich doch bereits im Garten bewährt. Wer Blatt für Blatt das Heranwachsen neuer Stauden beobachten möchte, und Zeit und Geduld für die Anzucht mitbringt, wird viel Freude beim Anbauen finden. Von eigener Hand aufgezogene Pflänzchen wachsen einem besonders ans Herz. Und schließlich bleibt auch noch der Einkauf in der Staudengärtnerei.

Teilung von Stauden

Alles, was man dafür braucht, sind kräftige, gesunde Mutterpflanzen. Viele Stauden lassen sich durch Teilung wunderbar vermehren und können weitergegeben oder getauscht werden. Im Gegensatz zur Aussaat sind die Tochterpflanzen stets absolut identisch mit der Mutterpflanze. Sie zeichnen sich durch dieselben guten Eigenschaften aus, die an jener so geschätzt werden, wobei natürlich Faktoren wie Boden, Licht, Wasser, oder auch die Wüchsigkeit der Nachbarpflanzen eine große Rolle für die künftige Entwicklung spielen.

Die beste Zeit zum Teilen sind die Ruheperioden im zeitigen Frühling oder im späten Herbst, seltener, wie bei den Schwertlilien, im Sommer.

Gut teilen lassen sich Stauden, die Ausläufer oder Rhizome bilden. Pflanzen mit einer Pfahlwurzel, wie das Schleierkraut *(Gypsophila paniculata)*, oder die Silberdistel *(Carlina acaulis)* können nicht auf diese Weise vermehrt werden. Das gleiche gilt für Lavendel oder Sonnenröschen (*Helianthemum*-Arten): Sie sind eigentlich Zwergsträucher. Ihre Zweige und Wurzeln gehen mehr oder weniger von einem Punkt aus.

Lockere, kleinere, zerbrechlichere Wurzelstöcke können einfach mit der Hand unter ein wenig Schütteln in zwei oder mehr Teile getrennt werden, nachdem man den ganzen Stock mit dem Spaten ausgestochen hat. Gute Beispiele sind die Silberwurz *(Dryas octopetala)* oder der Mauerpfeffer (*Sedum*-Arten).

Für die Teilung alter, größerer Stöcke sind zwei Grabegabeln eine gute Wahl, zum Beispiel bei der Pfingstrose (*Paeonia*-Arten).

Respekt vor der Natur

Entnehmen Sie niemals Stauden aus der Natur! Sie ist kein Selbstbedienungsladen für Gärtner, die ein paar Euro sparen wollen, abgesehen davon, dass Ihre Aktion als Grundbesitzstörung ausgelegt werden kann.

Es könnten auch seltene, geschützte Arten dabei sein, die Sie mit dem Naturschutzgesetz in Konflikt bringen. Versuchen Sie lieber, die schöne Pflanze mit Hilfe von Büchern oder Fachleuten zu bestimmen. Es gibt Anbieter von Wildblumensaatgut und Spezialgärtnereien, die ein großes Sortiment führen. So ist es in den meisten Fällen möglich, sich die Schönheiten am Wegesrand aus fachkundiger Hand in den Garten zu holen.

Gegen das Sammeln von einigen Samen für den Anbau zu Hause spricht aber nichts, sofern die Pflanze nicht unter Schutz steht und man dabei keinen Schaden an der Vegetation anrichtet.

Mit dem Spaten lassen sich sehr dichte, verfilzte Wurzelstöcke teilen, die man mit der Gabel allein nicht mehr trennen kann. Auch bei sehr robusten, wuchernden Stauden wie dem Gilbweiderich *(Lysimachia punctata)* oder den Taglilien (*Hemerocallis*-Arten) richtet ein Spaten nicht zu viel Schaden an.

Teilung von fleischigen Rhizomen mit einem scharfen Messer und Setzen auf gleiches Niveau wie die Mutterpflanze. Unser Beispiel ist die Bartiris *Iris x barbata-elatior*, die in der Sommerruhe nach der Blüte vermehrt wird.

Anbau von Stauden

Einzelpflanzen einer Staudenart müssen nicht sehr langlebig sein, ihre Gegenwart als Art im Garten ist es aber oft sehr wohl. Das ist z. B. bei der Akelei (*Aquilegia*-Arten) der Fall. Sie sät sich immer wieder selbst aus, oft an den unmöglichsten Orten. Die gute Vermehrung dieser und vieler anderer Stauden durch Samen können sich Naturgärtner zu Nutze machen.

Man kann es dem Zufall überlassen und die selbst aufgegangenen Pflanzen bloß umsetzen, oder aber aktiv Samen absammeln. Trocken und kühl aufbewahrt baut man sie im nächsten Jahr oder noch im Herbst an der gewünschten Stelle an. Größeren Erfolg bringt ein Vorziehen im Kistchen oder Topf im Frühling und ein Auspflanzen erst dann, wenn die Pflänzchen schon groß und kräftig sind.

Bei den Wildstauden sind die Nachkommen den Eltern sehr ähnlich, ein großer Vorteil im Naturgarten. Samen von gezüchteten Hybridsorten spalten beim Anbau nach den Gesetzen der Vererbungslehre in ihren Eigenschaften stark auf. Die Pflanzen der nächsten Generation sind in Farbe, Höhe oder Wüchsigkeit ganz anders, sehr heterogen und meist auch enttäuschend.

TIPP **Wenn sich einzelne Stauden im Beet nicht wohl fühlen und immer weniger statt mehr werden, kann das viele Gründe haben. Schwertlilien (*Iris*-Arten) werden zum Beispiel gerne blühfaul, wenn sie zu lange an einem Platz stehen. Oft hilft einfach rechtzeitiges Teilen und Umsetzen im zeitigen Frühling, und die Stauden erlangen am neuen Platz wieder ihre gewohnte Üppigkeit. Was bei dieser Gelegenheit von der Staude überbleibt, wandert natürlich auf Wunsch ebenso über den Gartenzaun.**

TIPP Will man Samen von schönen oder interessanten Stauden für den Anbau im nächsten Jahr gewinnen, so sollte man die Fruchtstände kurz vor der Samenreife abschneiden. Verpasst man den richtigen Zeitpunkt, so springen die Kapseln, Balgfrüchte oder Schoten auf, schleudern die Samen fort oder streuen sie aus, ganz im Sinne einer erfolgreichen Verbreitung. Luftige Säckchen über den halbreifen Fruchtstand gebunden haben sich ebenfalls bewährt.

Zu spät zum Samen ernten: die Früchte des Wiesen-Storchschnabels *(Geranium pratense)* sind katapultartig über 2 Meter weit fortgeschleudert worden.

Aussaat als Leidenschaft

Bunte Samenpäckchen und Saatgutkataloge können sehr verführerisch sein. Viele Stauden sind unproblematisch beim Anbau, andere brauchen Spezialbedingungen wie lange Frostperioden, und selbst bei deren genauer Einhaltung ist ein Erfolg nicht garantiert. Mit den gesammelten Erfahrungen wachsen auch die Herausforderungen, denen sich Gärtner stellen.

Eine gute Zeit für den Anbau in Saatkistchen ist der zeitige Frühling. Die Aussaat kann Mitte bis Ende März erfolgen, leichte Fröste sind für die meisten Stauden kein Problem. Stellen Sie die Saatkistchen an einer halbschattigen Stelle im Garten auf und achten Sie darauf, dass die Erde nie austrocknet. Vorsicht! Die Erde soll feucht, aber nicht nass sein, sonst kann es zur Fäulnis der Keimlinge kommen.

Die Saatkistchen müssen nach dem Säen immer gleichmäßig feucht gehalten werden. Dafür eignet sich eine Gießkanne oder ein Gartenschlauch mit extra feinem Brausekopf. Manche Staudenkeimlinge, wie das Mädchenauge *(Coreopsis grandiflora)*, ziehen Schnecken magisch an, die die junge Saat in wenigen

Nicht mit allen Stauden hat man so schnellen Erfolg wie mit den Akeleien. Vor allem viele Hahnenfußgewächse verlieren rasch ihre Keimfähigkeit (zum Beispiel die Kuhschellen) oder brauchen spezielle Bedingungen wie der Eisenhut.

Sind die Keimlinge kräftig genug, werden sie aus dem Saatkistchen in Töpfe pikiert.

Nächten vernichten. Die Tiere verstecken sich tagsüber an der Unterseite der Saatkistchen, ein häufiges Kontrollieren und Abklauben ist unbedingt notwendig.

Sind die Keimlinge kräftig genug, was in der Regel nach den ersten ein bis drei entwickelten Laubblättern der Fall ist, sollten sie pikiert (versetzt) werden. Kleine Tontöpfe sind dafür ebenso gut wie Plastikcontainer mit Abzugslöchern. Zwei bis drei Jungpflanzen pro Topf sollten genügen. Hier wachsen die Stauden weiter, bis sie groß und kräftig genug sind, um an ihren endgültigen Platz im Beet verpflanzt zu werden. Größere Samen können auch direkt in Multitopfplatten ausgelegt werden. Das hat den Vorteil, dass man sich das Pikieren erspart, und die Pflänzchen bis zum Umtopfen in größeren Gefäßen oder bis zum Aussetzen im Freien ungestört wachsen können.

Einkauf getopfter Stauden

Heute werden Stauden fast immer in Kunststofftöpfen (»Containern«), ganz selten nur mehr mit losen Wurzeln zum Kauf angeboten. Das hat den großen Vorteil, dass man sie von März bis November setzen kann. Auch überdauern die Pflanzen im Topf eine Weile an einer schattigeren Stelle im Garten, wenn gerade keine Zeit zum Setzen ist. Aufs Gießen sollte dann aber nicht vergessen werden.

Packen Sie die Stauden probeweise beim Schopf: Ein gut durchwurzelter, gesunder Topfballen behält seine Form, zerbröselt nicht, verliert keine Erde und hat keine fauligen Stellen.

Richtige Aussaat für ein kräftiges Staudenwachstum

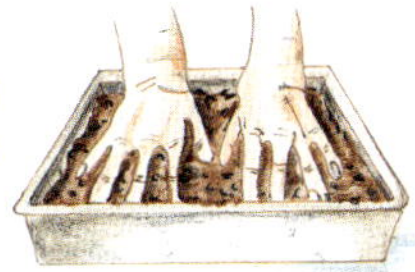

1 Als Anzuchterde hat sich folgende Mischung im Verhältnis 1:1:1 bewährt: gut gereifter, abgelegener, nicht zu nährstoffreicher Kompost, Quarzsand und gesiebte, torffreie, leichte Gartenerde. Das am Boden mit Abzugslöchern versehene Saatkistchen wird mit der angefeuchteten Erde dicht gefüllt.

2 Mit einem einfachen Brettchen die Erde flachdrücken.

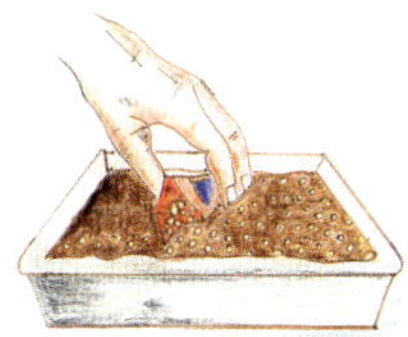

3 Die Samen locker aus dem Handgelenk und nicht zu dicht streuen. Bei dunklen, auf der Erde schwer sichtbaren oder sehr feinen Samen kann man hellen Sand beimischen. Das hilft, trotzdem gleichmäßig auszusäen.

4 Die meisten Stauden sind Dunkelkeimer, das heißt, die Samen benötigen zur Keimung eine Abdeckung. Sie müssen also mit Erde leicht übersiebt werden. Die übersiebten Samen werden nochmals mit einem Brettchen angedrückt. Das abschließende Angießen mit einer feinen (!) Brause bewirkt, dass die Samen dicht in der Erde liegen.

5 Pikieren (Versetzen) der Sämlinge in Töpfe oder Kistchen. Zu langes, dichtes Stehen im Saatkistchen lässt die Pflänzchen lang werden, oder gibt Pilzen eine Chance, die Keimlinge zu befallen.

Hegen und Pflegen

Praktisch und schön zugleich sind alte Fässer zum Sammeln von Regenwasser.

Bewässerung

Naturgärtner versuchen stets, mit der Natur zu arbeiten und nicht gegen sie. Richtet sich die Pflanzenwahl nach den Gegebenheiten im Garten wie Boden, Wärme und natürlichem Niederschlag, so lässt sich das Gießen und damit der Wasserverbrauch in Grenzen halten. Ein flachgründiger, schottriger Boden in einer warmen Gegend kann weniger Wasser halten als ein schwerer, lehmiger, tiefgründiger Boden in einer kühlen Tallage. Am einfachsten ist ein Kompromiss: einige Bereiche des Naturgartens überlässt man beim Gießen sich selbst bzw. dem Regen, die anspruchsvolleren Lieblingspflanzen, wie zum Beispiel klassische Bauerngartenpflanzen gießt man gerade so viel wie nötig.

GIESSEN – ABER RICHTIG! ✿ Ein frisch gesetztes Beet sollte immer feucht bleiben, solange die Stauden noch nicht eingewurzelt sind. Ausgiebiges Angießen nach dem Setzen bewirkt ja auch, dass die feinen Haarwurzeln gut in die neue Erde rings um den Topfballen eingebettet werden.

Die Ausbildung des Wurzelsystems einer jungen Pflanze in den ersten Jahren hängt einerseits von der Pflanze selbst ab. So gibt es Flachwurzler, wie den kriechenden Günsel *(Ajuga reptans)*, oder Tiefwurzler wie die Schafgarbe *(Achillea millefolium)*. Die Länge des Wurzelsystems hängt aber auch stark von der Art der Bewässerung ab. Gießt man oft, dabei aber nicht sehr ausgiebig (also zum Beispiel im Sommer jeden Tag 10 Minuten), so entwickelt sich das Wurzelsystem vor allem in den obersten Bodenschichten, damit es diese Wassergaben optimal nutzen kann. Solche »verwöhnten« Pflanzen vertrocknen rasch. Steht den Stauden von Anfang an wenig Wasser zur Verfügung bzw. gießt man seltener, dafür aber dann lange und ausgiebig, dann erreichen ihre Wurzelspitzen große Tiefen, immer auf der Suche nach dem Wasser. Diese Pflanzen haben bei Trockenheit daher eine wesentlich längere Lebenschance oder anders ausgedrückt: der Wasserbedarf hängt auch vom Angebot und damit von unserer Art des Gießens ab!

REGENWASSER ✿ Für die Bewässerung des Gartens muss kein Trinkwasser verwendet werden. Regensammeltonnen unter Dächern helfen Wasser sparen. Sofern es nicht durch Dachrinnen oder Dächer übermäßig mit Schwermetallen belastet ist, ist das weiche Regenwasser ideal zum Gießen. Es ist auch wärmer als Brunnenwasser oder Leitungswasser, und verursacht im Sommer bei den Stauden keinen Kälteschock. Abdecken der Tonnen oder alten Badewannen nicht vergessen! Sonst ist die Gelsenplage vorprogrammiert.

Mulchen

Nicht nur im Gemüsegarten ist das Abdecken des nackten Bodens wichtig. Auch im Staudenbeet hat es viele Vorteile: Mulchen hält den Boden darunter feucht, indem es die Verdunstung an die Luft herabsetzt. Wind und Sonne können die Erde daher nicht so rasch austrocknen. Temperaturschwankungen halten sich unter einer Mulchdecke in engeren Grenzen oder werden nur verzögert und abgeschwächt weitergegeben, was den großen und kleinen Tieren in der Erde zugute kommt. Reiches Bodenleben wiederum ist ein Zeichen hoher Bodenfruchtbarkeit.

Zum Mulchen zwischen Stauden haben sich feiner Holzhäcksel, Flachsmulch (Flachsschäben) oder Gartenfaser bewährt. Flachsmulch ist ungewohnt hell und muss angefeuchet werden, damit er nicht verweht wird. Der gewohnt erdfarbene Rindenmulch eignet sich zum Mulchen unter Sträuchern besser. Frische organische Masse wie Rasenschnitt ist zwar für die Stauden von Vorteil, zieht aber oft Schnecken an und scheidet daher in vielen Gärten aus.

Flachsmulch hat eine ungewöhnlich helle Farbe, ist aber im Staudenbeet durchaus zu empfehlen.

Im Naturgarten versucht man, in Kreisläufen zu denken. Was durch ordnende, schneidende und jätende Gärnterhände getrennt wurde, kommt als Kompost wieder auf die Beete zurück.

Nährstoffe

Viele der bekanntesten Stauden und ein Großteil der altbewährten Bauerngartenblumen brauchen eine kontinuierliche Versorgung mit Nährstoffen. Gut verrotteter Kompost ist als jährliche Grunddüngung ein Segen, beim Gemüse genauso wie im Staudenbeet. Er wird am besten im zeitigen Frühjahr auf die Beete verteilt und flach (maximal 10 cm) eingearbeitet. Kompost wird dabei oft mit Erde verwechselt und die Mengen daher überschätzt. Als Richtwert können zwei bis sechs Schaufeln pro Quadratmeter gelten.

Sind früh blühende Zwiebel- und Knollenpflanzen im Beet vergraben, so ist das Ausbringen an diesen Stellen im Herbst besser. Der Nachteil ist aber, dass sich die Nährstoffe, vor allem der Stickstoff, über den Winter auswaschen. Dadurch sind sie für die Pflanzen weniger verfügbar und das Grundwasser kann belastet werden.

BODENFRUCHTBARKEIT Für eine gezielte Düngung einzelner Stauden kommen im Naturgarten alle Arten von organischen Düngern in Frage. Hornspäne zum Beispiel geben ihre Nährstoffe langsam, aber kontinuierlich ab. Der Weg von den klein geschroteten Tierklauen zum für die Pflanze verfügbaren Stickstoff, Phosphor, Kalium oder den Spurenelementen führt über ein intaktes Bodenleben. Oder anders formuliert: ohne Tiere, Pilze und Bakterien keine Nährstoffe für die Pflanzen. Das ist auch der Grund, warum im Naturgarten an erster Stelle die Sorge um den Boden als Ganzes, mit all seinen Bewohnern steht. Ist er gesund, braucht man sich um die »Pflanzenernährung« meist keine großen Gedanken mehr zu machen.

KEINE DÜNGUNG Manche Stauden verlieren bei einem Nährstoffüberangebot ihren charakteristischen, kompakten Wuchs. Sie wachsen zu mastig, fallen auseinander und werden anfälliger für Krankheiten und attraktiver für Schädlinge. Polsterstauden vergreisen zum Beispiel durch zu rasches Wachstum in der Mitte. Pflanzen, die in der Natur auf mageren, nährstoffarmen Böden oder in Felsspalten wachsen, können daher im normalen oder gar im gut gedüngten Gartenboden nicht gedeihen. Für sie reserviert man die Ecken mit »schlechtem«, steinigem oder sandigem Boden – ideal für ein Trockenbeet oder Mauerfugen!

HORNSPÄNE STATT GUANO
Je ursprünglicher ein Produkt ist, desto weniger Energie musste zu seiner Herstellung aufgewendet werden, und desto besser ist seine »Ökobilanz«. Beim getrockneten Vogelkot Guano, der von den Küsten Südamerikas importiert wird, kommt aber der hohe Transportaufwand um die halbe Welt dazu, abgesehen von dem Schaden an der Landschaft, den der Abbau anrichtet.

Rückschnitt

Die meisten Stauden blühen nur einmal im Jahr für einige Wochen. Sie benötigen nach der Blüte noch Zeit, um ihren natürlichen Jahreszyklus zu beenden, einzuziehen oder Reserven für das nächste Jahr anzulegen.

HERBSTPUTZ ODER FRÜHJAHRSPUTZ? Zu frühes Schneiden schadet oft mehr, als es nützt. Im Naturgarten gilt daher der zeitige Frühling vor dem Austrieb als der beste Zeitpunkt. Spätestens dann sollten aber die abgestorbenen und braunen Teile entfernt werden, damit dem neuerwachten Leben »nichts im Wege steht«. Was für eine Freude bereitet diese Arbeit jedes Jahr, wenn die ersten warmen Sonnenstrahlen das nahe Ende des Winters ankündigen. Vielen Gärtnern kann es ja oft nicht schnell genug gehen, obwohl sich noch gar nicht viel im Beet regt. Wie froh ist man dann, Arbeiten wie das Zurückschneiden der Stauden draußen tun zu können.

Gräser oder Blütenstauden mit hohlen Stängeln (z. B. Lupinen nach dem zweiten Flor) sollten auf jeden Fall erst im zeitigen Frühjahr knapp vor dem Austrieb zurückgeschnitten werden. Bei Schnitt im Herbst sammelt sich darin Wasser, das gefriert und die Pflanzen schädigt. Nicht bei jeder Pflanze sieht das Vergilben und langsame oberirdische Absterben schön aus. Bei sehr früh blühenden Stauden wie dem Herzerlstock *(Dicentra spectabilis)* fällt das Einziehen außerdem noch in die »falsche« Zeit: im Juni und Juli ist man auf herbstliches Braun und Gelb weniger gut zu sprechen. Hier helfen Stauden, die sich genau dann besonders prächtig entwickeln und den langsamen Abschied der anderen gnädig mit ihrem imposanten Laub verdecken.

Mit dem Rückschnitt am besten bis zum Frühjahr warten, bevor die Stauden auszutreiben beginnen.

Kleine Auswahl an Stauden, deren Blütezeit durch Rückschnitt beeinflusst werden kann

deutscher Name	lateinischer Name, Tipps
Feinstrahlaster	*Erigeron*-Arten: 10 cm über Boden schneiden
Lupinen	*Lupinus*-Arten: 10 cm über Boden schneiden
Salbei	*Salvia x superba* und *Salvia nemorosa:* 10 cm über Boden schneiden
Rittersporn	*Delphinium*-Arten: Samenstände/Abgeblühtes ausschneiden
Frauenmantel	*Alchemilla mollis:* nur die Blütenstiele wegschneiden, Blätter bleiben zierend
Stockrose	*Alcea*-Arten: 10 cm über Boden zurückschneiden
Flammenblume, Phlox	*Phlox paniculata:* Samenstände/Abgeblühtes entfernen
Schafgarbe	*Achillea millefolium:* Samenstände/Abgeblühtes entfernen

Nach der Blüte ganz zurückgeschnitten, blüht die Feinstrahlaster ein zweites Mal.

VERJÜNGEN Polsterstauden und Immergrüne wie Blaukissen *(Aubrieta x cultorum)*, Schleifenblume *(Iberis sempervirens)*, Heiligenkraut *(Santolina chamaecyparissus)*, Lavendel *(Lavandula angustifolia)* oder Gänsekresse *(Arabis caucasica)* dürfen nicht jährlich zurückgeschnitten werden. Alte Stöcke von Lavendel oder Heiligenkraut benötigen aber einen radikalen Verjüngungsschnitt, um wieder schön und dicht zu werden. Schütter gewordene Pölster von Schleifenblumen werden nach einigen Jahren gleich nach der Blüte um ein Drittel zurückgeschnitten.

REMONTIEREN Es gibt einige Stauden, die ein zweites Mal blühen, wenn sie gleich nach der ersten Blüte 10 cm über dem Boden zurückgeschnitten werden. Man kann so den zweiten Flor in den späten Sommer oder Herbst zaubern, wo abgesehen von Astern oder fetter Henne nicht mehr viele bunte Blüten den Garten zieren. Damit der Boden nicht plötzlich ungeschützt ist, werden die Stauden bei Bedarf gemulcht. Bei anderen entfernt man nur die ersten Fruchtstände, bevor sie Samen ausbilden können, um die Blüte zu verlängern.

Vergreiste Pölster bei Blaukissen, Gänsekresse und horstbildenden Gräsern verjüngen : »Löcher« im Frühling mit frischer Erde füllen und feucht halten. Das regt die Bewurzelung an, und die neuen Triebe schließen den Polster.

Pflanzenschutz

Je besser die Staude an die Stelle im Naturgarten passt, an der sie gepflanzt wurde, desto weniger Probleme mit Krankheiten und Schädlingen wird sie haben. Dazu gehören der richtige Boden, die passenden Nachbarpflanzen, heiße Sonne oder kühler Schatten, viel Wasser oder ein trockenes Plätzchen für tief wurzelnde Trockenheitsspezialisten. Pflanzenschutz beginnt im Naturgarten also schon lange vor der Bekämpfung von Krankheitssymptomen bzw. den Verursachern von Fraßbildern.

Manchmal hat man einfach Pech. Alles scheint zu stimmen, und trotzdem scheitert auch der dritte oder vierte Versuch eine bestimmte Staude anzusiedeln. Naturgärtner sollten sich in diesem Fall in Nachsicht üben, es lässt sich nichts erzwingen. Doch eines zum Trost: es gibt ein riesiges Sortiment, und damit unzählige andere, ebenso schöne Stauden, mit denen man es versuchen könnte.

Der Dickmaulrüssler frisst runde, kleine Kerben in Blätter. Bei Massenbefall kann er durch parasitierende Nematoden wirksam biologisch bekämpft werden.

Nützlingshotel, Totholzhaufen, Brennessel: Platz genug für Insekten, Reptilien, Vögel und Säugetiere im Naturgarten, die alle mithelfen, die Zahl schädlicher Insekten gering zu halten.

NÜTZLINGE FÖRDERN!

Biologischer Pflanzenschutz ist ein komplexer Ansatz: Tiere werden aus menschlicher Sicht im Garten nur dann schädlich, wenn sie sich ungehindert vermehren können. Die Gegenspieler müssen gefördert werden: Ohrwürmer, Wildbienen, Schlupfwespen, Florfliegen, Schwebfliegen, Spinnen, Marienkäfer und Laufkäfer vertilgen Unmengen von Läusen und anderen Plagegeistern. So halten sich Nützlinge und Schädlinge in einem Gleichgewicht. Es gilt, den Naturgarten so zu bepflanzen und zu gestalten, dass sich diese Tiere wohl fühlen und einnisten können. Bei akuten Problemen hilft das Ausbringen gekaufter Nützlinge wie beim Dickmaulrüssler, den man mit Nematoden gut bekämpfen kann.

TIPP ZUR PFLANZENSTÄRKUNG

Es gibt viele Möglichkeiten, mit Pflanzenbrühen die Widerstandsfähigkeit von Stauden zu erhöhen, zum Beispiel mit Ackerschachtelhalm *(Equisetum arvense).* **Über die Wurzeln und Blätter nimmt die junge Pflanze die stärkende Kieselsäure auf, die ihre Zellwände widerstandsfähiger gegen das Eindringen von Pilzsporen macht. Ein Kilo frisches Kraut mit 10 l Wasser anrühren, und die Brühe fünffach verdünnt mehrmals im Frühjahr und Sommer über Pflanzen und Boden sprühen.**

Winterschutz

Der Winter kann in manchen Jahren eine kritische Zeit bedeuten, weil das oft warme Wetter in der Wintermitte die Pflanzen erwachen lässt. Die darauf folgenden Fröste im Februar oder März verursachen an Knospen oder jungen Trieben häufig Schäden. Vor allem dann, wenn die isolierende Schneedecke fehlt, und große Temperaturschwankungen zwischen den sonnigen Tagen und den sternenklaren, kalten Nächten herrschen, ist mit Verlusten zu rechnen. Kommen noch eisige Winde dazu, spricht man von den gefürchteten Barfrösten. Selbst »winterharte« Stauden können dann zurückfrieren, erholen sich aber dank ihrer großen Regenerationskraft rasch wieder.

Pflanzen aus milderen Gegenden sind in extremen Wintern stark gefährdet. Sie rettet oft nur ein Winterschutz ins nächste Jahr. Als Abdeckmaterial haben sich Fichtenzweige bewährt, weil sie weder zu dicht aufliegen noch im Laufe des Winters zusammensacken, wie es bei Laub der Fall sein kann.

Ein viel größeres Problem als die Kälte ist aber die stauende Nässe. Die Pflanzen faulen und sterben ab. Grund dafür ist ein zu schwerer, lehmiger oder verdichteter Boden, der Wasser nicht ausreichend abfließen lässt.

Eine dicke Schneedecke ist der beste Winterschutz für Stauden.

Planen und Pflanzen

Das Geheimnis eines schön gestalteten Beetes liegt nicht allein in einer gelungenen Pflanzenkombination und einer interessanten Farbgestaltung. Stauden kommen nur dann zur vollen Pracht, wenn sie gute Bedingungen vorfinden. Ist die Suche nach dem idealen Platz im Garten, den richtigen Partnern, und der besten Form und Größe des Beetes vorbei, ist es endlich soweit: mit dem Griff zum Spaten kann die Vorbereitung des Bodens für das künftige Prachtstaudenbeet begonnen werden.

Gärten der Vielfalt

Ein Höhepunkt im Gartenjahr: Staudenbeete im Frühsommer.

Die grobe Struktur eines Gartens bilden Gehölze. Ein knorriger Baum mit seinem ausladenden Blätterdach oder eine Hecke entlang eines Zaunes sind wie Säulen und Stützen, vergleichbar den Mauern eines Hauses. Um es sich gemütlich einzurichten braucht man jedoch eine Möblierung, eine Feinstruktur, sonst wirken Haus wie Garten kalt und leer.
Erst die Stauden sorgen durch ihre verschiedenartigsten Blüten- und Blattformen und ihren interessanten Wuchs für einen wohnlichen Garten voller Leben. So gibt es eine fast unüberschaubare Fülle an Arten, die dafür in Frage kommen.

Ein reich mit Stauden bepflanzter Garten ist aber nicht nur eine Augenweide für den Betrachter. Um so mehr Blumen und Blüten ein Garten bietet, desto vielfältiger auch seine Gäste. Wildbienen, Käfer oder seltene Falterarten schwirren plötzlich umher, die man vorher noch nie gesehen hat. Um erfolgreich Stauden kultivieren zu können, muss man über Bodenbeschaffenheit, Lichtverhältnisse und kleinklimatische Besonderheiten im eigenen Garten Bescheid wissen.

Heimische Wildstauden für das sonnige Beet: Akelei und Pechnelke.

Wildstauden

Alpen-Grasnelke *(Armeria alpina)* auf einem Magerrasen in der Steiermark.

Ihre Beliebtheit ist in den letzten Jahren stetig gestiegen. Wildstauden haben einen natürlichen Charme und ihr einfacher, schlichter Charakter bringt Abwechslung in den Naturgarten. Das einzige Unterscheidungskriterium zu den Beet- oder Prachtstauden ist, dass sie züchterisch nicht oder kaum bearbeitet worden sind. Die in der Gärtnerei erhältlichen »Wildstauden« entsprechen also noch weitgehend den ursprünglichen Pflanzen. Dennoch ist zu bedenken, dass manche von ihnen durch Einkreuzungen mit anderen Arten nur mehr selten einer Art zuzuordnen sind. Geringfügige Abweichungen sind möglich, jedoch nicht von Nachteil. Das Sortiment spezialisierter Wildstaudengärtnereien wächst ständig und dennoch: bei manchen Arten führt kein Weg daran vorbei, sich das Saatgut zu organisieren und die Pflänzchen selbst anzubauen.

Heimische Arten sind gut an unser Klima angepasst und im allgemeinen sehr robust und widerstandsfähig. Im Garten müssen Wildstauden aber nicht ausschließlich heimische Pflanzen sein. Eine gut ausgewogene Mischung zwischen Pflanzen aus anderen Gegenden und einheimischen Wildstauden ist eine gute Lösung, auch im Hinblick auf Tierarten, die in ihrer Ernährung auf heimische Pflanzen spezialisiert sind.

Kuhschellen wachsen in der Natur auf Trockenrasen und sind daher sehr empfindlich gegen stauende Nässe im Boden.

GEPFLEGTE WILDNIS Einige Wildstauden breiten sich schnell im Garten aus. Weit verbreitet ist die Ansicht, dass Wildstauden keine Arbeit machen, weil sie »in der Natur ja auch niemand pflegt«. Gerade weil sie nicht für Gärten gezüchtet worden sind, erfordern Pflanzungen mit Wildstauden manchmal besondere Kenntnisse über deren Ansprüche und gärtnerische Betreuung. Die einen werden im Garten mit Nährstoffen übermästet, weil sie in »zu gutem Boden« stehen, geraten aus der Form, verdrängen andere oder werden anfällig für Krankheiten. Andere sind den Bedingungen oder der ungewohnten Konkurrenz nicht gewachsen, kümmern dahin und verschwinden schließlich ganz, wenn Naturgärtner nicht regulierend eingreifen.

Pechnelke

Standort

Stauden kommen in der Natur auf unterschiedlichen Standorten vor. Es ist immer interessant zu wissen, wo die Arten natürlich wachsen und wer ihre Nachbarn sind. Ob sie auf Lichtungen vorkommen wie der Fingerhut *(Digitalis*-Arten), oder zwischen Felsen auf mageren Böden in einer Trockenrasengesellschaft, wie etwa das Adonisröschen *(Adonis vernalis)* oder die Kuhschelle *(Pulsatilla*-Arten): Ihre Herkunft weist immer auch zugleich auf ihre Ansprüche hin. Es gibt Stauden, wie den Gilbweiderich *(Lysimachia punctata)*, die anpassungsfähiger sind und andere, wie Diptam *(Dictamnus albus)*, die sehr empfindlich auf falsche Bedingungen reagieren. Bevor Wildstauden für den Garten angeschafft werden, sollte man sich also zunächst überlegen: Welche Standorte mit welchen Bedingungen findet man im Garten vor? Das schränkt den Kreis an möglichen Pflanzen schon ein bisschen ein. Im Naturgarten sollten schließlich solche Stauden für ein Beet ausgewählt und zusammengesetzt werden, die dieselben Bedürfnisse und Ansprüche haben.

BLICK ÜBER DEN GARTENZAUN
Was wächst eigentlich bei den Nachbarn? Einige Pflanzen gedeihen in manchen Regionen besonders gut und andere lassen sich auch mit viel Pflege nicht durchbringen. Ein Erfahrungsaustausch über Erfolge und Misserfolge ist oft sehr aufschlussreich, sind doch Bodenbeschaffenheit und Witterungsbedingungen oft die gleichen. Welche Stauden haben sich ohne viel Aufwand prächtig entwickelt, und welche sind durch Krankheiten, Frost und Schädlinge wieder verschwunden?

Wildstauden für den Garten

	Blütezeit	Blütenfarbe	mittlere Höhe in cm	Besonderheiten
Eisenhut *Aconitum napellus*	7 bis 9	blau	80	braucht feuchten Gartenboden, giftig, Sonne bis Halbschatten
Frühlings-Adonisröschen *Adonis vernalis*	4 bis 5	gelb	20	zusammen mit Kuhschellen, für trockene, durchlässige Böden
Frauenmantel *Alchemilla vulgaris*	5 bis 7	gelbgrün	30	braucht nährstoffreichen, feuchten Boden, Sonne bis Halbschatten
Katzenpfötchen *Antennaria dioica*	5 bis 6	rosa	10	silbergraues Laub, äußerst anspruchslos
Alpen-Grasnelke *Armeria alpina*	6 bis 8	rosa	30	für durchlässige, trockene Böden, für Trockenmauern
Berg-Aster *Aster amellus*	8 bis 10	hellviolett	40	wertvoller Spätsommerblüher für das Beet, anspruchslos
Blutroter Storchschnabel *Geranium sanguineum*	5 bis 9	karminrot	20	als Bodendecker verwendbar, für Gehölzsaum, Sonne bis Halbschatten, trockene Böden
Diptam *Dictamnus albus*	5 bis 6	rosa, weiß	60	Sonne bis Halbschatten, zitronenähnlicher Duft, für Gehölzsaum, trockene Böden
Silberwurz *Dryas octopetala*	5 bis 6	weiß	10	Bodendecker, für Trockenmauern, lange Blütezeit
Kugeldistel *Echinops sphaerocephalus*	6 bis 8	blau	120	anspruchslos, robust, schön geformtes, silbrig-graues Laub
Riesen-Alant *Inula magnifica*	7 bis 8	gelb	150	Solitärstaude, nährstoffreiche Böden
Grasschwertlilie *Iris graminea*	6	hellviolett	30	trockene, durchlässige Böden, nach Pflaumen duftend
Große Kuhschelle *Pulsatilla grandis*	4 bis 5	violett	20	zusammen mit Adonisröschen, für trockene, durchlässige Böden
Scharfer Mauerpfeffer *Sedum acre*	5	gelb	5	Fugenpflanze für Pflaster und Mauern, trockene Böden, auch für extensive Dachbegrünung
Ehrenpreis *Veronica spicata*	7 bis 8	blau	40	trockene, durchlässige Böden
Thymian *Thymus serpyllum*	6 bis 8	rosa-rot	10	Bodendecker, duftet

Bei Arten, die volle Sonne nicht vertragen, ist das durch den Vermerk »Sonne bis Halbschatten« gesondert gekennzeichnet.

Pracht- und Beetstauden

Schon lange in Kultur, und das zu Recht: Orientalischer Mohn.

Sie sind seit vielen Jahrzehnten, mancherorts sogar seit Jahrhunderten in gärtnerischer Kultur. Es existieren unzählige Sorten, die sich durch Blütenfarbe und Wüchsigkeit von der Urform oft markant unterscheiden. Prachtstauden sind wegen ihrer üppigen Blütenfülle, ihrer Farbenvielfalt, und ihres Formenreichtums sehr beliebt für Gärten. Diese Geschöpfe sind ein wenig anspruchsvoll, d.h. sie brauchen einen gut gedüngten Boden, und müssen wie Sommerblumen- oder Gemüsebeete regelmäßig gegossen werden. Durch den großen Fundus an Arten und Sorten, die unterschiedlichen Wuchshöhen und die über das ganze Jahr breit gestreute Blütezeit sind die Möglichkeiten im Staudenbeet enorm groß. Sowohl für die klassische Rabatte in der Sonne, wie auch für den Bauerngarten kann man aus einem großen Repertoire wählen.

Fühlen sich Pfingstrosen in einem Beet wohl, sind sie über viele Jahrzehnte dankbare Blüher.

Blütezeit

Stauden haben, anders als Sommerblumen, nur eine relativ kurze Blütezeit. Die überwiegende Mehrheit an heimischen Wildstauden blüht im Frühling oder Frühsommer, da die Bedingungen in dieser Zeit am günstigsten sind. Soll das Beet das ganze Jahr über blühen, dürfen natürlich auch Sommer- und Herbstblüher nicht fehlen. Viele Beet- und Prachtstauden, die aus Nordarmerika oder Asien kommen, sorgen dafür, dass auch im Sommer oder Herbst die Farbe nicht ausgeht (siehe Seite 60ff.).

Wuchshöhen

Ein gut gestaltetes Beet ist auch in der Verteilung der verschiedenen Wuchshöhen durchdacht. Die Kleinen zuerst, dann die halbhohen; die Größten kommen im Hintergrund gut zur Geltung, wo sie die anderen nicht überdecken oder überwuchern. Es gibt Arten, wie das Tränende Herz *(Dicentra spectabilis)*, die sich langsam entwickeln, und erst Jahre nach der Pflanzung ihre endgültige Höhe erreichen. Manche Stauden, die sich im Garten besonders wohl fühlen, wachsen auch über sich hinaus, andere bleiben unter den Erwartungen. Das heißt, dass die Höhenangaben relativ sind, und man vor Überraschungen nie gefeit ist.

Empfehlenswerte Blütenstauden für den Bauerngarten und das Beet

Boden: gut mit Wasser und Nährstoffen versorgter Gartenboden

	Blütezeit	Blütenfarbe	mittlere Höhe in cm	Besonderheiten
Stockrose *Alcea rosea*	5 bis 10	mehrere Farben	180	zweijährig, braucht viel Wasser
Akelei *Aquilegia vulgaris*	5 bis 6	dunkelblau	50	verwildern im Garten, Selbstaussaat, kurzlebig
Kissen-Aster *Aster dumosus*	7 bis 10	blauviolett	30	lässt sich gut durch Teilung vermehren, als Bodendecker verwendbar
Glattblatt-Aster *Aster novi-belgii*	9 bis 10	lila	120	Teilung im Frühjahr, wertvoller Herbstblüher
Rittersporn *Delphinium-Elatum--Hybriden*	6 bis 7, 9	violett, blau	150	Rückschnitt handhoch nach der Blüte fördert zweite Blüte
Tränendes Herz *Dicentra spectabilis*	4 bis 5	rosa	60	Staude zieht nach Blüte ein
Feinstrahlaster *Erigeron-Hybriden*	6 bis 8	rosa	60	Rückschnitt handhoch nach der Blüte fördert zweite Blüte
Sonnenbraut *Helenium-Hybriden*	8 bis 9	in vielen Farben	90	Flachwurzler, braucht feuchten Boden
Taglilie *Hemerocallis-Hybriden*	5 bis 9	in vielen Farben	100	robuste, langlebige Staude
Schleifenblume *Iberis sempervirens*	5 bis 6	weiß	10	auch für Trockenmauern, robust
Hohe Bartiris, Schwertlilie *Iris-Barbata-Elatior-Gruppe*	5 bis 6	in vielen Farben	80	Ausfälle bei Winternässe, viele Sorten, Vermehrung durch Teilen im Sommer
Fackellilie *Kniphofia uvaria*	7 bis 9	gelb-rot	90	anfällig für stauende Nässe im Winter, mediterraner Charakter
Lavendel *Lavandula angustifolia*	6 bis 7	lila	40	duftet, durchlässige Böden
Lupinen *Lupinus-Hybriden*	4 bis 6	in vielen Farben	90	Rückschnitt nach der Blüte fördert zweite Blüte, kurzlebig
Indianernessel *Monarda-Hybriden*	7 bis 8	rot/weiß/rosa	90	Blätter aromatisch duftend, lange Blütezeit
Pfingstrose *Paeonia-Lactiflora-Hybriden*	5 bis 6	in vielen Farben	90	Wurzelstock (aus dem die Triebe sprießen) darf maximal 3 cm unter der Erde liegen, sonst blühfaul
Flammenblume *Phlox paniculata*	7 bis 9	in vielen Farben	80	braucht neutralen, schwach sauren Boden
Sonnenhut *Rudbeckia fulgida*	8 bis 10	goldgelb	70	kurzlebig, durchlässige Böden
Salbei *Salvia nemorosa*	6 bis 7	dunkelblau	40	Rückschnitt handhoch nach der Blüte

Das Gelb der Nachtkerze bildet einen schönen Kontrast zum Lila der Feinstrahlaster.

TIPP Stauden mit weißfilzigen oder pelzig behaarten Blättern, wie Hornkraut *(Cerastium tomentosum)* oder Wollziest *(Stachys byzantina)*, sind gute Pflanzen für den Vordergrund. Sie wirken weich, und ihr »Teppich« aus Blättern bleibt das ganze Jahr über schön.

Farbe

So schön die Ton-in-Ton Staudenbeete in Gärten auch aussehen, wirken sie doch nur deswegen so faszinierend, weil die meisten Stauden zur selben Zeit blühen. Sie sind ein wenige Wochen dauerndes Spektakel. Kunterbunte Beete bieten hingegen die Möglichkeit, Höhepunkte der Blüte über das ganze Jahr zu streuen, auch wenn sie zu einer bestimmten Zeit am besten aussehen mögen. Das macht sie auch so beliebt. Bienen und Falter finden nicht nur für kurze Zeit, sondern das ganze Jahr über Futter.

Harmonie und Kontrast

Nahe beieinander liegende Farben ergeben ein harmonisches, ruhiges Bild. So lassen sich zum Beispiel orange, gelb und rot blühende Stauden gut in einem Beet vereinen.

Eine weitere Möglichkeit, mit Farben zu spielen, sind starke Kontraste. Kühles Blau oder dunkles Lila neben strahlendem Gelb ergeben ein starkes und wirkungsvolles Bild. Weiß ist bei Blüten nicht nur häufig zu finden, es wirkt zudem neutral und kann mit jeder beliebigen Farbe kombiniert werden. Wolkige, zarte Stauden wie das Schleierkraut *(Gypsophila paniculata)*, oder die Prachtkerze *(Gaura lindheimeri)* sind die »Weichzeichner« im Beet wie auch im Blumenstrauß: sie lockern auf und mildern Kontraste, ohne sich aber selbst aufzudrängen. Die silbergrauen Edelrauten (*Artemisia*-Arten) sind durch ihren lockeren Wuchs und ihre fein gegliederten Blätter als zurückhaltende Füllpflanzen zwischen den hohen, farbenprächtigen Beetstauden sehr wertvoll.

Prachtstaudenbeete brauchen viel Pflege. Schon bei der Wahl der Größe des künftigen Beetes sollte man darauf Bedacht nehmen.

Einfach blühende Sorten sind besser als die gefüllten, oft sterilen Sorten. Nur dort, wo es ausreichend Pollen und Nektar gibt, finden Insekten genügend Nahrung.

Allein …

Es gibt Stauden, die nur in der Masse wirken und andere, die am Besten für sich alleine stehen. Aus der Ferne betrachtet ziehen beide die Blicke auf sich: die einen durch das Meer an gleichfarbigen Blüten, die anderen durch Höhe und eigenwillige Gestalt. Stauden mit Solitärcharakter sollten dort gepflanzt werden, wo sie durch ihre Wirkung auch auftrumpfen können. Die Königskerze *(Verbascum*-Arten) mit ihrem weithin sichtbaren, kandelaberförmigen Blütenstand könnte an einer Ecke der Terrasse stehen, auf die der Blick aus dem Fenster fällt. Es gibt auch weniger imposante Stauden, die gerne allein gepflanzt werden, weil sie nur so ihre typische Gestalt ausbilden können. Die Goldwolfsmilch *(Euphorbia polychroma)* hat einen perfekt halbkugeligen Wuchs. Oder die schöne Blattrosette mit der großen Korbblüte der Silberdistel *(Carlina acaulis)*. Das bedeutet aber nicht, dass man diese nicht auch in größeren Gruppen verwenden kann.

…oder in Gesellschaft

Statt Stauden in großen Gruppen, nach Sorten und Arten getrennt zu pflanzen, wie es in Rabatten der Fall ist, lassen sie sich auch in kleineren, sich wiederholenden Grüppchen durchmischt setzen. Ein Ineinanderfließen von Farben und Formen ist dann erwünscht.

Das macht die Pflege in der Folge nicht unbedingt leichter, weil das beobachtende Auge des Naturgärtners umso mehr gefragt ist. Schwächer wüchsige Pflanzen, die man bei der gesamten Komposition nicht missen möchte, werden bald durch stärkere verdrängt. Spaten und Schere sind in einem solchen Beet nicht leicht zu handhaben, denn klare Abgrenzungen sind nicht ersichtlich. Wo eine Pflanze anfängt und die andere aufhört, ist im Getümmel schwer auszumachen. Dennoch ist diese Variante für den Naturgarten zu empfehlen. Farben und Formen scheinen natürlich verwoben zu sein und nicht durch Schere und Spaten »künstlich« getrennt.

Ineinanderfließen: In einem durchmischten Beet werden sich manche Stauden besser durchsetzen als andere. Starkwüchsige Arten muss man im Zaum halten, wenn sie nicht alles überwuchern sollen.

Stauden als Bodendecker

Viele Storchschnabel-Arten und der Frauenmantel sind ausgezeichnete Bodendecker für das sonnige bis halbschattige Beet.

Wie bei den Gehölzen gibt es auch bei den Stauden niedere oder halbhohe Arten, die in der Lage sind, mit ihren sich dicht über den Boden ausbreitenden Blättern und mit Hilfe von Ausläufern und Rhizomen Flächen relativ rasch zu begrünen. Eine geschlossene Pflanzendecke vermindert nicht nur in hohem Maße die Pflege, sondern schützt auch den darunterliegenden Boden vor Austrocknung und Sonneneinstrahlung. Auf sonnigen Böschungen zwischen Sträuchern, auf extensiv begrünten Dächern, am sonnigen Gehölzrand für Flächenpflanzungen, zwischen Natursteinwegen, wo sich das Mähen mühsam gestaltet, überall dort, wo dauerhaftes Grün gesucht wird, das wenig Pflege erfordert, sind Bodendecker gefragt.

TROCKEN UND STEIL

Böschungen sind schwierig zu pflegen und werden daher gerne mit Bodendeckern bepflanzt. Statt sie monoton mit Bodendeckergehölzen wie Cotoneaster zu begrünen, bieten sich unzählige Stauden als Alternative an. Mit trockenheitsverträglichen, flächendeckenden Arten wie Fetthenne, Katzenpfötchen und Wollziest lassen sich wunderbar abwechslungsreiche Flächen gestalten. Locker »eingestreute« Solitärstauden wie Königskerzen eignen sich gut, schöne Blickpunkte in einer langen Böschung zu schaffen.

Blütenteppich und Bodendecker: Kissenaster

Stauden als Bodendecker

	Blütezeit	Blütenfarbe	mittlere Höhe in cm	Besonderheiten
Frauenmantel *Alchemilla mollis*	6 bis 7	gelbgrün	30	Sonne bis Halbschatten, Gehölzsaum, auch in Ufernähe
Kriechender Günsel *Ajuga reptans*	4 bis 5	blau	10	Sonne bis Halbschatten, frische, nährstoffreiche Böden
Katzenpfötchen *Antennaria dioica*	5 bis 6	rosa/weiß	10	trockene Böden, anspruchslos
Kissenaster *Aster dumosus*	9 bis 10	in vielen Farben	40	robust, auch als Einfassung
Wiesenknöterich *Polygonum bistorta*	5 bis 8	rosa	40	feuchte und nährstoffreiche Böden in voller Sonne
Silberwurz *Dryas octopetala*	5 bis 6	weiß	10	auch für Geröll und Kiesflächen, Fruchtschmuck
Blutroter Storchschnabel *Geranium sanguineum*	5 bis 8	karminrot	30	Sonne bis Halbschatten, schön im Gehölzsaum
Lavendel *Lavandula angustifolia*	6 bis 7	blauviolett	30	für trockene, durchlässige Böden
Pfennigkraut *Lysimachia nummularia*	5 bis 7	gelb	5	nährstoffreiche, feuchte Böden in sonnigen Lagen, an Teichen und Bächen
Weiße Fetthenne *Sedum album*	6 bis 7	weiß	5	»Rasenersatz« auf Trockenplätzen, anspruchslos
Fetthenne *Sedum floriferum*	7	goldgelb	15	auch andere Arten geeignet
Wollziest *Stachys byzantina*	7 bis 8	rosa	30	braucht wintertrockene Plätze
Thymian *Thymus*-**Arten**	7 bis 9	weiß/rot	5	duftet, magerer Boden

Bei Arten, die volle Sonne nicht vertragen, ist das durch den Vermerk »Sonne bis Halbschatten« gesondert gekennzeichnet.

So wird ein Staudenbeet angelegt

Die Stauden werden so tief gesetzt, wie sie im Container der Gärtnerei getopft waren. Danach wird der Boden mit der Hand kräftig angedrückt.

Wenn Sie ein Stück Wiese oder Rasen in ein Beet umwandeln wollen, muss zunächst die oberste Grasnarbe mit dem Spaten abgehoben werden. Die Rasensoden lassen sich gut kompostieren. Durch das Umstechen des Beetes wird der Boden gründlich gelockert. Wichtig ist, dass dabei auch alle Wurzelunkräuter, vor allem die gefürchtete Quecke *(Elymus repens)*, die lästige Ackerwinde *(Convolvulus arvensis)* oder der berüchtigte Giersch *(Aegopodium podagraria)* sorgfältig entfernt werden. Wenn Sie nicht auch die letzten Stückchen Wurzeln oder Rhizome aussieben, können Sie sicher sein, dass diese Plagegeister ihre ausgesuchten Pflanzen trotz Jäten überwuchern und verdrängen. Selbst aus den kleinsten unterirdischen Teilen wachsen ganze Pflanzen heran.

Bodentest: Schwere Böden, die einen sehr hohen Lehm- oder Tongehalt haben, lassen sich wie Plastilin kneten.

Bodenverbesserung

Ein ausreichend mit Nährstoffen versorgter, durchlässiger Boden ist für Prachtstauden unerlässlich. Zur Bodenverbesserung kann ein gut zersetzter, reifer Kompost verwendet werden. Für viele Stauden ist schwerer, lehmiger Boden wegen seiner mangelnden Durchlässigkeit problematisch. Die Pflanzen leiden unter »stauender Nässe«, was vor allem im Winter zu Ausfällen durch Verfaulen führt. Bei äußerst schweren Böden hilft das Beimengen von Quarzsand, um die Wasserdurchlässigkeit zu erhöhen. Damit der Sand Wirkung zeigt, braucht es je nach Zustand des Bodens allerdings größere Mengen. Bei schweren Böden muss man mit etwa 50 kg Sand pro Quatratmeter rechnen. Wildstauden sollten standortangepasst gepflanzt werden, eine Bodenverbesserung wie bei Prachtstauden ist nicht nötig.

BODENPFLEGE VON ANFANG AN Ein durch Baufahrzeuge schwer verdichteter Boden kann zu irreparablen Schäden führen. Sie sind häufig die Ursache, warum Stauden nur kümmerlich wachsen. Daher sollten Sie schon beim Kelleraushub und Hausbau darauf achten, dass die oberste, humusreiche Erdschichte (der »A-Horizont« oder Oberboden) abgetragen und zu einem Wall an einem freien Platz, nicht höher als etwa 1,5 m aufgeschüttet wird. Um das

Baufahrzeuge richten durch Bodenverdichtung großen Schaden an.

Bodenleben in der Zwischenzeit zu schonen, ist es ungemein wichtig, eine Gründüngungsmischung darauf anzubauen. Die natürliche Pflanzendecke sorgt für die so wichtige Beschattung des Bodens.

Planung

Um nicht von der Einkaufshektik überrumpelt zu werden und den Fehler zu begehen, im Vorbeihasten eine schlechte Auswahl zu treffen, wäre es ratsam, sich vorher eine kleine Liste zusammenzustellen. Eine kleine Skizze des zu bepflanzenden Beetes erleichtert die Sache ungemein. Sie hilft nicht nur die Menge (Stückzahl) und damit die Kosten abzuschätzen, sondern ermöglicht auch eine genauere Planung.

Pflanzen

Bevor Sie die ausgetopften und auf dem abgerechten Beet aufgelegten Stauden zu setzen beginnen, überdenken Sie, die Setzschaufel in der Hand, noch einmal Ihr Konzept. Ein Umgruppieren ist jetzt noch leicht möglich, Pflanzabstände lassen sich noch korrigieren. Allgemeine Stückzahlen pro Quadratmeter anzugeben, ist wenig sinnvoll, weil jede Art einen anderen Ausbreitungsdrang und eine andere Wüchsigkeit hat. Im Durchschnitt rechnet man bei niederen Stauden mit 6–10 Stück, bei halbhohen mit 5–8 und bei hohen mit 4–6 Stück pro Quadratmeter. Wollen Sie rasch ein voll bewachsenes Beet haben, oder Bodendecker pflanzen, können Sie natürlich die Pflanzabstände auch enger wählen.

Wässern

Das Angießen dient nicht nur dazu, den Durst der Pflanze zu stillen. Die Wurzeln sollen dicht in die Erde eingebettet werden. Ein frisch gesetztes Beet sollte immer feucht bleiben, solange die Stauden noch nicht eingewurzelt sind.

Bei extensiv bepflanzten Flächen wie Trockenbiotopen oder Flächen, die mit trockenheitsliebenden Bodendeckern bepflanzt wurden, wird nur bei extremen Trockenperioden bewässert. Anders bei Staudenbeeten. Nach zwei bis drei Wochen reicht es, wenn die Prachtstaudenbeete nach Bedarf maximal ein- bis zweimal die Woche gründlich bewässert werden. Falsch wäre es, die Stauden täglich zu gießen. Abgesehen vom hohem Wasserverbrauch werden die Pflanzen unnötig »verwöhnt« und bilden ein zu flaches Wurzelsystem aus, das sie bei plötzlicher Trockenheit daran hindert, im Boden an tiefe Wasserreserven heranzukommen. Für das spätere Gießen der Staudenbeete lohnt es sich, Regenwassersammler im Garten aufzustellen. Die beste Zeit zum Gießen ist morgens und abends. Zum Schluß werden die Beete gemulcht (siehe Seite 13).

Stauden für trockene Standorte

Steiniger Boden, den ganzen Tag Sonne, kein bisschen Schatten, wenig Regen, keine Bewässerungsmöglichkeit. Ein Problem? Bevor man sich Gedanken macht, von wo man bessere Erde herbringen, wie man die Steine ausklauben oder eine Bewässerungsanlage installieren könnte: Es gibt jede Menge Stauden und Gräser, die auf solche Trockenstandorte spezialisiert sind. Sie wachsen in der Natur auf Trockenrasen, in Steppengebieten, besiedeln Kiesgruben oder wurzeln in Felswänden. Mit den richtigen Pflanzen hat eine bunte, vielfältige Begrünung auch dauerhaften Erfolg und bietet Insekten einen reichlich gedeckten Tisch.

Trockenbiotope

So schön bunt können Trockenbeete sein.

Es gibt fast in jedem Garten Ecken und Plätzchen, die sehr trocken und heiß sind. Das sind zum Beispiel Trockenmauern mit kleinen Ritzen, Gründächer mit geringer Substratauflage, Fugen zwischen Steinplatten, Böschungen, Schottergrundstücke mit dünner Humusschichte oder die Flächen, wo der Bauschutt vom Hausbau versteckt wurde. Ein Trockenbeet ist die einfachste und oft auch die beste Lösung im Naturgarten. Es gibt für fast alle Bereiche geeignete Pflanzen, die gerade solche Bedingungen brauchen. Als Gärtner braucht man vor allem eines: Geduld.

WENIGER DICHT: LÜCKEN FÜLLEN Denn ein Beet mit Stauden, die Trockenheit lieben, wird niemals so dicht wachsen wie eines im normal feuchten, nährstoffreichen Gartenboden. Die Stauden entwickeln sich in Anpassung an die Trockenheit weniger üppig und bleiben kompakter bis hin zum Zwergwuchs, sie tragen kleinere Blätter und ihre Blüten sind meist zarter. Den lockeren Bewuchs kann man sich auch zunutze machen und Skulpturen, Steintröge, alte Töpfe oder ähnliche lieb gewonnene Stücke dazwischen stellen. Auch ausgesuchte Findlinge, knorrige Wurzelstöcke, Baumstämme und Schotter, Kies oder Schieferplatten machen aus diesen ehemals öden Ecken die schönsten Plätzchen im Naturgarten.

TIERE ANLOCKEN Was für uns Menschen schön bunt ist, hat für viele Tiere

ÖKOLOGISCHE ANPASSUNGEN AN DIE TROCKENHEIT

Dickfleischige Blätter speichern das kostbare Wasser in eigenen Geweben, in Blättern oder Stängeln, wie bei der Fetthenne *(Sedum-*Arten). Andere sind effiziente Sparmeister bei der Verdunstung. Durch eingerollte, zusammengefaltete oder fast nadelartige Blätter wie beim Lavendel *(Lavandula angustifolia)*, sehr kompakten Wuchs oder dicke Wachsschichten auf den Blättern können sie den Verlust an Wasser durch Transpiration stark reduzieren. Oft sind die Spaltöffnungen, durch die der Wasserdampf entweichen kann, noch zwischen Falten, dichten Haarfilzen oder in Grübchen gut versteckt, oder sie sind wie beim Schafschwingel *(Festuca ovina)* in die Rinne seines V-förmigen Blattquerschnitts versenkt.

Viele Pflanzen können ihre Blätter bei extremer Trockenheit noch weiter einrollen, wobei, wie z.B. bei der Federgras-Art *Stipa capillata*, nur ein schmaler Spalt offen bleibt. Die Spaltöffnungen befinden sich dann an der Innenseite der »Rolle«. Dicke, weiße Behaarung reflektiert gleichzeitig sehr effizient das einfallende Sonnenlicht. Die Wurzeln des Federgrases sind außerdem weit verzweigt, Thymianwurzeln erreichen eine Tiefe von einem Meter, jene des Natternkopfs *(Echium vulgare)* wurden schon in einer Tiefe von 2,5 Metern ausgegraben.

einen großen Nutzen. Es gibt gerade unter den Stauden im Trockenbeet sehr viele Pflanzen, die von Wildbienen und Faltern besucht werden. So schafft man mit der Begrünung trockener Stellen im Naturgarten wertvolle Futterflächen für zahlreiche nützliche oder gefährdete Insekten. Je höher die Vielfalt unter den Pflanzen auf diesen Trockenbeeten ist, desto größer auch die Anzahl der Blütenbesucher. Strukturen wie Hügel oder Steinmauern bekommen mehr Sonne ab und erwärmen sich besser als ebene Flächen – ideale Bedingungen für Reptilien, wie Eidechsen, und Schlangen, wie die ungiftigen Nattern.

BLÜTEN STATT BLECH

Flachdächer von Wohnhaus, Garage oder Gartenhaus werden im Naturgarten gerne extensiv begrünt. Die dabei verwendeten Stauden müssen extreme Trockenheit ertragen können. Die dünne Substratschicht kann nur wenig Wasser speichern, und die Pflanzen können keinen Nachschub über das Grundwasser heranschaffen. Ungehemmte Sonneneinstrahlung und Wind erhöhen die Trockenheit auf einem exponierten Dach noch. Im Winter kann die ganze Pflanzengesellschaft auf dem Dach durchfrieren. Immergrüne Pflanzen leiden dann besonders unter Wassermangel und vertrocknen eher als sie erfrieren. Pflanzen wie der Mauerpfeffer *(Sedum*-Arten) **haben verblüffende Tricks gefunden, diesen Bedingungen zu trotzen.**

Ein Beet nur für Gräser

Gräser wirken mit ihren langen und schmalen Blättern bizarr und leicht. Grannen auf dünnen Halmen wiegen sich schon beim leisesten Lüftchen im Wind. Gräser und Wind scheinen zusammenzugehören, und tatsächlich sind sie bei der Bestäubung auf jede Brise angewiesen. Viele halten große Trockenheit aus und sind daher im Naturgarten gut geeignet, um die steinigen, heißen Stellen zu besiedeln. Werden nur Gräser verwendet, so lenkt nichts von ihrem grazilen Wuchs ab. Gut dazu passen aber auch blühende Stauden wie der Lein *(Linum perenne)* oder Mittelmeerpflanzen, wie Thymian und blau bereifte, dickfleischige Stauden, etwa Mauerpfeffer oder Hauswurz. Auch Zwiebelpflanzen wie die Laucharten *(Allium moly, Allium flavum)* lassen sich gut kombinieren. Für sie alle ist der auch im Winter durchlässige Boden ideal.

Säume

Es sieht natürlicher und besser aus, wenn zwischen vertikalen Elementen wie Hecken, Zäunen oder Gartenhauswänden, und dem niedrigen Rasen oder einem Weg, Säume belassen werden. Der Übergang wird weicher und bietet vielen schönen Stauden genug Platz – und Tieren Nahrung und Unterschlupf.

Extremstandort Dach: kein Problem für die Spezialisten.

Einige Gräser für trockene Standorte

	Blütezeit	Höhe in cm Blätter/Blüten	Besonderheiten
Schafschwingel *Festuca ovina*	6 bis 7	20/40	in Gruppen pflanzen, anspruchslos
Schillergras *Koeleria glauca*	6 bis 7	15/30	Blätter blau bereift (Verdunstungsschutz), ungewöhnliche, schöne Erscheinung, anspruchslos
Wimperperlgras *Melica ciliata*	5 bis 6	30/60	schmales Horstgras, auch für Zwischenpflanzungen zwischen Stauden im Trockenbeet, anspruchslos
Reiherfedergras *Stipa barbata*	7 bis 8	30/80	Heimat Mittelmeer, einzigartige, filigrane Erscheinung, Blüten mit 30 cm langen, silbrig behaarten, überhängenden Grannen, solitär oder in kleinen Gruppen
Büschelhaargras *Stipa capillata*	6 bis 7	30/80	heimisch, unbehaarte Grannen, Blütenrispe »büscheliger«, solitär oder in kleinen Gruppen

Wie Haare bewegen sich die langen Grannen des Reiherfedergrases *(Stipa barbata)*.

Auf Stauden im Trockenbeet fliegen nicht nur Naturgärtner. Von ihren Blüten, Blättern und sogar in den Stängeln leben unvermutet viele Insekten. Drei heimische Beispiele:

NATTERNKOPF Am Nektar der Blüten laben sich Hummeln und Schmetterlinge, vom Pollen leben sogar 37 Pelz-, Keulhorn-, Blattschneider-, Furchen-, Masken-, Sand- und Mauerbienen-Arten. An den Blättern nagen Bockkäfer, Borretsch-, Erd- und Natternkopfnetzwanze. Und sogar unter der Erde hat noch jemand was vom Natternkopf: Genetzte Gallenrüssler leben von den Wurzeln. Distelfinke und Feldsperlinge holen sich die Samen.

WUNDKLEE Die Blüten sind bei Wildbienen außerordentlich begehrt, vor allem bei Blattschneider- und Pelzbienen. Auch Honigbienen, Hummeln und Schmetterlinge fliegen auf sie. Die Blätter werden von folgenden Raupen genascht: Zwergbläuling, Steinkleebläuling, Violetter Waldkleebläuling und Dickkopffalter.

Bienen-Kugeldistel *(Echinops sphaerocephalus,* weiße Sorte 'Arctic Glow')

KUGELDISTEL Die vielen Blüten des runden Blütenstandes locken zahlreiche Insekten an: Hummeln, Tagfalter, Honigbienen, sechs Arten von Furchen-, Blattschneider- und Mauerbienen, Distelwickler und -zünsler, Bohr- und Gallfliegen. An den stachligen Blättern laben sich Distelnetzwanze und Raupen des Distelfalters. Vom Stängel leben Bockkäfer und Kleinschmetterlinge, und die Samen bleiben den Grünfinken, Distelfinken und Gimpeln.

Praxis

Gerade fürs Trockenbeet gibt es viele interessante Pflanzen, die nicht winterhart sind. Sie können in Töpfen bleiben und pendeln zwischen Beet und Winterquartier hin und her.

Wer das »Pech« hat, in seinem Garten keine trockenen Ecken zu haben, kann sie durch Baumaßnahmen schaffen. Das Wichtigste dabei ist der Unterbau: Tiefgründige Drainage durch Schotter, Bauschutt, Ziegel oder ähnliche steinige Materialien garantieren einen schnellen Abzug des Wassers. Wird Erde verwendet, darf sie nur ganz mager, also nährstoffarm sein. Wollen Sie tief wurzelnde Pflanzen verwenden, müssen Sie den Aufbau entsprechend dimensionieren.

Bau eines Hügel-Trockenbeetes

Querschnitt

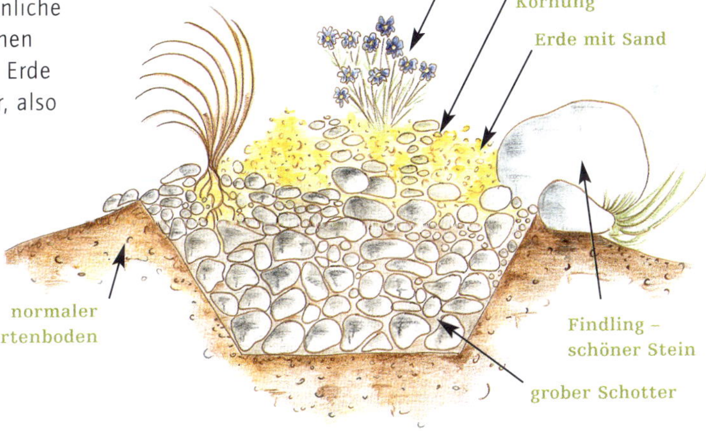

Trockenmauer

Querschnitt

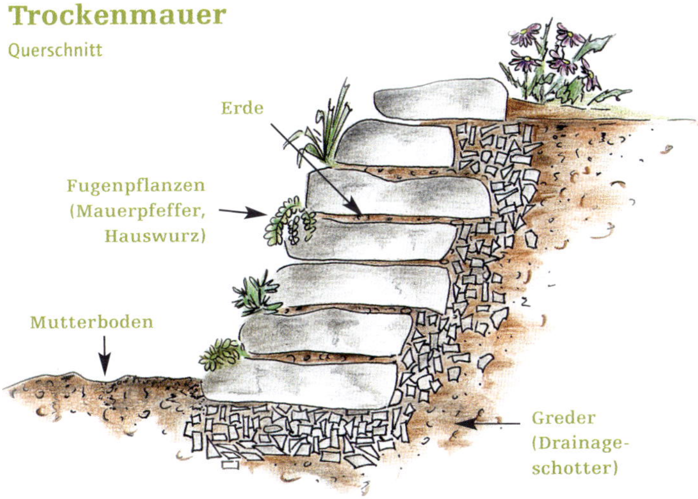

TIPP Gestalten Sie ein Trockenbeet als lang gezogenen Hügel. So kann man statt eines eigenen, viel Platz beanspruchenden Beetes die ungewöhnliche Abgrenzung eines schon bestehenden Gartenraumes schaffen.

Die Bepflanzung von Trockenbeeten

Kalkhältig oder kalkfrei, tiefgründig oder nur geringe Wurzelschichte, nährstoffreich oder -arm, zwischen Steinen oder auf Trockenrasen: Die Bepflanzung muss wohl überlegt sein, denn trocken ist nicht gleich trocken.

MÖGLICHKEIT 1

BEGRÜNUNG DURCH WILDBLUMEN-SAATGUT Wie bei den Blumenwiesen kann man auch bei Trockenbeeten »maßgeschneidertes« Saatgut nur empfehlen. Spezialanbieter (Bezugsquellen siehe Anhang) stellen die Samenmischung auf Grund möglichst genauer Angaben zu den Standortbedingungen der Fläche zusammen: Niederschlag, Hangneigung, pH-Wert des Bodens, Tiefgründigkeit usw. Je genauer die Pflanzenauswahl auf die ökologischen Faktoren einer Fläche abgestimmt sind, desto größer und vor allem dauerhafter kann der Erfolg sein. Gute Beratung zu Anbau, passenden Lieblingspflanzen oder Wunschfarben können beim Spezialanbieter ebenso erwartet werden.

MÖGLICHKEIT 2

GETOPFTE STAUDEN SETZEN

Fertige Pflanzen zu setzen ist zwar möglich, im Trockenbeet aber etwas schwieriger als in einem »normalen« Staudenbeet. Obwohl Trockenpflanzen, sind die Pflanzen während ihrer Anzucht doch häufiger gegossen worden, weil dies durch das geringe Topfvolumen erforderlich war. Oft haben sie daher gerade im Trockenbeet größere Anfangsschwierigkeiten beim Anwachsen. Ein Kompromiss: Zwischen die angesäten Pflanzen vorgezogene Pflanzen setzen, um die Vielfalt zu erhöhen, oder um später neue Akzente zu setzen.

TIPPS FÜR DEN DIREKTANBAU

MEHR RELIEF: Lassen Sie beim Vorbereiten des Bodens kleine Unebenheiten als Hügel und Täler bestehen, oder schaffen Sie ein wenig Unterschied in Höhen und Neigungen. Die Erde muss nicht gleichmäßig feinkrümelig beschaffen sein. Steine oder größere Brocken können ruhig neben fein strukturierten Stellen liegen. Das erhöht nur die Vielfalt an unterschiedlichen Bedingungen. Auf den Hügeln wird es ein wenig trockener sein als in den Senken.

ANBAU IM HERBST: Meist ist es dann ausreichend feucht und die Frostkeimer bekommen über den Winter genug Kälte ab, um im nächsten Jahr zu keimen.

AUSSAAT: Die Samen nochmals gut durchmischen und ausbringen. Durch möglichst seichtes Einrechen, Anwalzen oder Angießen sollten die Samen nicht tiefer als 1 bis 2 mm in den Boden gelangen, müssen aber guten Bodenkontakt haben. Danach wird die Saat sich selbst überlassen. Wenn das Wetter für die Keimung zu trocken ist, bleiben die Samen einfach so lange liegen, bis die Bedingungen optimal sind. Es werden sich alle Pflanzen behaupten, denen die herrschenden Bedingungen zusagen.

Extremstandort Mauerfuge: Elegant gemeistert vom Spinnweb-Hauswurz *(Sempervivum arachnoideum)*.

Stauden für sehr trockene Standorte

	Blütezeit	Blütenfarbe	mittlere Höhe in cm	Anpassung an die Trockenheit, Magerkeit des Bodens
Katzenpfötchen *Antennaria dioica*	6 bis 7	rosa/weiß	10	teppichbildend, Unterseite weißfilzig behaart (Verdunstungsschutz)
Färberkamille *Anthemis tinctoria*	6 bis 9	gelb	50	Blätter fein zerteilt, behaart, lange Blütezeit (Verblühtes wegschneiden)
Astlose Graslilie *Anthericum liliago*	5 bis 7	weiß	50	Tiefwurzler, schmale, grasartige Blätter, duftend
Wundklee *Anthyllis vulneraria*	5 bis 8	gelb	40	Rohbodenpionier durch Stickstoffsymbiose mit Bakterien (Wurzelknöllchen), behaart
Felsen-Steinkraut *Aurinia saxatilis*	4 bis 5	gelb	20	schmale, graugrün behaarte Blätter, in Mauerfugen, duftend
Silberdistel *Carlina acaulis*	7 bis 9	weiß	15	dornige Blätter, tief reichende Pfahlwurzel
Spornblume *Centranthus ruber*	5 bis 7	rosa	60	bläulich grün bereifte Blätter (Verdunstungsschutz), sät sich kräftig selbst aus, Pfahlwurzel, duftend
Karthäusernelke *Dianthus carthusianorum*	6 bis 9	purpurrot	50	dichtrasig, kriechendes Rhizom, duftend
Gemeiner Natternkopf *Echium vulgare*	5 bis 8	blau	70	ganze Pflanze borstig behaart, Tiefwurzler, Blüte zuerst blau, dann rot
Sonnenröschen *Helianthemum nummularium*	6 bis 9	gelb	20	eigentlich ein Halbstrauch, kleine Blätter mit eingerolltem Blattrand, Lichtreflexion durch glänzende Blattoberseite
Zwergiris *Iris pumila*	4 bis 5	hellgelb, lila	15	dickes Rhizom, nützt Frühjahrsfeuchtigkeit aus, zieht nach der Blüte bald ein, Blätter klein und mit bläulicher Wachsschicht (Verdunstungsschutz)
Staudenlein *Linum perenne*	6 bis 8	blau	50	feine Blätter, blau bereift (Verdunstungsschutz), passt sehr schön zu Gräsern, vor allem zu den *Stipa*-Arten
Gewöhnliche Kuhschelle *Pulsatilla vulgaris*	3 bis 4	lila	20	Tiefwurzler, fein zerteilte, behaarte Blätter
Mauerpfeffer *Sedum*-Arten	6 bis 7	weiß, gelb	5–15	dickfleischige (sukkulente) Blätter, Spaltöffnungen tagsüber geschlossen, manche blau bereift
Hauswurz *Sempervivum*-Arten	6, 7, 8	rot, rosa	5-10	dickfleischige (sukkulente) Blätter mit Wasserspeichergewebe
Thymian *Thymus*-Arten	5 bis 7	rosa	2–15	eigentlich ein Halbstrauch, immergrüne ledrige Blätter, eingesenkte Drüsen mit ätherischen Ölen (Verdunstung hemmend), Tiefwurzler, duftend
Großblütige Königskerze *Verbascum densiflorum*	7 bis 9	gelb	130	zweijährige Pflanze, runzelige Blätter, ganze Pflanze dicht filzig behaart: Einstrahlungs- und Verdunstungsschutz, Blätter am Stängel herablaufend (Regenableitung zu den Wurzeln)

Blütenzauber dazwischen

Fingerhutähnliche Glocken am sonnigen Gehölzsaum, gelbe Kerzen auf einem Hügel, malvenähnliche Rosen vor einem alten Schuppen oder duftender Goldlack im Gemüsebeet. Die zwischen Einjährigen und Stauden einzureihende Gruppe der zweijährig kultivierten Pflanzen blüht besonders reich und schön.

Was sind zweijährige Pflanzen?

Gut überwinterte Blattrosette einer Königskerze.

Während einjährige Sommerblumen im Frühjahr angebaut werden und noch im selben Jahr blühen und absterben, entwickeln sich bei den zweijährigen Pflanzen im ersten Jahr nur Blätter. Häufig bilden sie Blattrosetten, wie die Marien-Glockenblume *(Campanula medium)*, oder die Königskerze (*Verbascum*-Arten), und manchmal auch rübenartige, verdickte Wurzeln. Die über den Sommer gewachsenen, stattlichen Pflanzen überdauern den Winter und blühen im darauffolgenden, zweiten Jahr. Durch das Sammeln möglichst vieler Reservestoffe im ersten Jahr entwickeln sie üppigere und oft auch größere Blütenstände als viele Sommerblumen.

Verschwommene Grenzen

Viele, die wie der Isländische Mohn *(Papaver nudicaule)* als zweijährige Pflanzen kultiviert werden, leben eigentlich länger und sind somit den Stauden zuzurechnen. Von der Anzucht und Kultur her werden sie aber wie zweijährige behandelt, weil sie im zweiten Jahr einfach am schönsten blühen. Eine weitere Kultivierung lohnt sich meistens nicht, da sie im nächsten Frühling oder Sommer nur noch wenige Blüten hervorbringen und oft schütter und kümmerlich wachsen. Ähnliches gilt für den Goldlack *(Erysimum x allionii)* oder die Bartnelken *(Dianthus barbatus)*, die ebenfalls Stauden sind.

Etwas anders verhält es sich beim Roten Fingerhut *(Digitalis purpurea)*. Ein Rückschnitt kurz nach der Blüte bewirkt, dass sich kleine Nebenrosetten, die Kindeln, bilden. Sie blühen im kommenden Jahr, wenn auch nicht mehr so üppig wie die »Mutter«. Ohne Rückschnitt stirbt manchmal die gesamte Pflanze ab. Der Rote Fingerhut steht also, wie auch die Stockrosen *(Alcea rosea)*, zwischen zwei- und mehrjährig. Es ist eigentlich verwirrend: In den Gärtnereien wird er unter den Stauden geführt, Bartnelken *(Dianthus barbatus)* und die meisten anderen »zweijährigen« Pflanzen sind dagegen bei den Sommerblumen an den Samenständern zu finden.

Trotzt Eis und Schnee: Keimling des Silberblatts.

Die Natur baut an

Standortgerechte Pflanzenwahl? Königskerzen suchen sich ihren idealen Platz selbst.

In einem naturnahen Garten sollen Grenzen verschwimmen, soll Platz für die Dynamik natürlicher Prozesse sein. Wildaufgeher, die nicht gesät wurden, sondern von selbst aufgehen, sind willkommen. In der Gruppe der zweijährigen und kurzlebigen Stauden gibt es viele Arten wie Silberblatt *(Lunaria annua)*, Kronen-Lichtnelke *(Lychnis coronaria)* oder die Gemeine Nachtkerze *(Oenothera biennis)*, die ihre Vermehrung verlässlich selbst »in die Hand« nehmen. Wo sie unerwünscht sind, lassen sich die Keimlinge mit einer Harke oder mit der Hand jedoch leicht entfernen. Anders betrachtet: Eine überraschend aus einer Mauerritze hervorwachsende Bartnelke oder Königskerze hat einfach ihren Charme. Natürlich kann man hier kräftig nachhelfen. Abgeerntete Samen können bewusst in Ritzen von Mauern oder zwischen Pflastersteine gestreut werden. Eine mit Vergissmeinnicht *(Myosotis sylvatica)* verwilderte Treppe, wo zwischen dem Grau der Steine himmelblaue Blüten aus frischgrünen Blättern sprießen, könnte nicht besser zum Frühling passen. Und die schönsten Gärten sind doch oft jene, in denen nicht der Mensch alles kontrolliert, sondern auch die Natur Regie führen darf.

TIPP **Zweijährige sind kurzlebig. Ein kleines Anzuchtsquartier hat sich daher bewährt, etwa in einem über den Sommer nicht benötigten Frühbeet. Aus dem Depot können immer dann Pflanzen bezogen werden, wenn im Garten Lücken durch Ausfälle entstanden sind, die es zu füllen gilt.**

Zweijährige im Portrait

Nachtaktiv: die Gemeine Nachtkerze.

ROSEN AM STOCK Die satt weinroten, weichen, rosafarbenen oder grell gelben Stockrosen, mit ihren schönen, großen, malvenförmigen Blüten, sind eine der auffälligsten Zierden in Bauerngärten und in ländlichen Höfen. Sie wirken mit ihren endständigen Ähren und der beachtlichen Höhe von über zwei Metern am besten, wenn sie in Gruppen gepflanzt werden. Besonders neben Hauseingängen, entlang von Mauern oder vor alten Holzschuppen, sehen Stockrosen prächtig aus. Von der gewöhnlichen Stockrose *(Alcea rosea)* gibt es sehr schöne Sorten in weiß, rosa, rot und gelb. Tolle Kontraste lassen sich vor weiß gekalkten Mauern mit den schwarzroten Blüten der *Alcea rosea var. nigra* erzielen.

KERZEN FÜR DEN TAG Heimische Arten der Königskerzen, wie die Purpur-Königskerze *(Verbascum phoeniceum)*, die Schwarze Königskerze *(Verbascum nigrum)*, die Mehlige Königskerze *(Verbascum lychnitis)* oder die Großblütige Königskerze *(Verbascum densiflorum)* sind leicht aus Samen zu ziehen, und wie geschaffen für den Naturgarten. Die attraktiven Wildstauden werden gerne von Faltern und Wildbienen besucht.

KERZEN FÜR DIE NACHT Neben Königskerzen und der Kronen-Lichtnelke kommt auch die Gemeine Nachtkerze *(Oenothera biennis)* mit trockenen Standorten in voller Sonne gut zurecht. Ihre großen, gelben und wohlriechenden Blüten öffnen sich abends und blühen bis zum Mittag des nächsten Tages. Die 1,5 m hohe Pflanze sieht daher tagsüber immer etwas abgewelkt aus, doch an sonnigen Plätzen bei Stiegenaufgängen, auf Terrassen, an Mauern oder Gartenwegen sind sie in den Abend- und Morgenstunden schöne Begleiter. Abend für Abend kann man ganz leicht Nachtfalter beobachten, die sich als späte Gäste ihre Jause aus den Blüten saugen.

FINGERHÜTE Zu einer der schönsten zweijährigen Pflanzen zählt der Rote Fingerhut *(Digitalis purpurea)*. Seine auffallend hoch wachsenden Blütenstände von über 1 m sind schon von weitem wie ein magischer Anziehungspunkt. Der Rote Fingerhut wächst wie der Großblütige Fingerhut *(Digitalis grandiflora)* auf sonnigen Waldlichtungen, und sollte daher im Garten an einem sonnigen Platz mit nährstoffreichem, humosem Boden stehen. Die als »Gloxinoides« bekannte Gruppe des Roten Fingerhutes zeichnet sich durch besonders große, gepunktete Blüten aus. Leider sind im Handel oft nur Mischungen erhältlich, die von rosa bis purpur und weiß blühen. Für den Naturgarten ist der nur 70 cm hoch werdende,

Frühsommerliche Rabatte mit Bartnelken und Rotem Fingerhut.

ausdauernde gelbe Fingerhut *(Digitalis lutea)* eine schöne und farblich interessante Alternative zu den Garten-Hybriden. Er lässt sich wie alle Arten an sonnigen bis halbschattigen Plätzen sowohl in Gruppen für sich allein pflanzen als auch in gemischte Beete integrieren.

BUNTER ZAUBER: MARIENGLOCKENBLUMEN Ein anderes Juwel unter den Zweijährigen ist die Marien-Glockenblume *(Campanula medium)* mit ihren großen, glockenförmigen weißen, rosa oder blauen Blüten, die sich von Juni bis Juli zeigen. Sie lieben einen nährstoffreichen, feuchten Gartenboden und passen sehr gut in Mischbeete mit Gemüse und Sommerblumen, sowie auch in den Bauerngarten. In Gruppen gepflanzt lassen sie sich schön mit sommerblühenden Stauden wie Brennende Liebe *(Lychnis chalcedonica)*, Rittersporn *(Dephinium x cultorum)* oder Lupine *(Lupinus polyphyllus)* kombinieren. Marien-Glockenblumen neigen aber leicht zum Umfallen, Schnur und Stützstab sind deshalb meist nicht zu vermeiden.

DUFTEN: LACK UND NELKEN Der Goldlack *(Erysimum cheiri)* verführt nicht nur durch seine leuchtenden, gelben, roten, braunen und weinroten Blüten, die in endständigen, lockeren Trauben sitzen. Sein starker Duft durchzieht den ganzen Garten. Der auch als Schotendotter bekannte Schöterich *(Erysimum x allionii)* sieht dem Goldlack sehr ähnlich und riecht genauso gut. Für Zwischenpflanzungen im Frühlingsbeet eignet sich der Goldlack, wie auch der Schöterich sehr gut, um im Meer der überwiegend geruchlosen Zwiebelblumen Duft in die Rabatte zu bringen. Andere wohl duftende zweijährige im Beet sind Bartnelken *(Dianthus barbatus)*. Sie waren früher weit häufiger verbreitet und durften in keinem Garten fehlen. Mit ihren nach Honig duftenden, in dichten Büscheln sitzenden Blüten, die es in den Farben rosa, weiß bis schwarzrot gibt, sind sie eine reich blühende Ergänzung im Beet der Sommerblumen, wie auch der Stauden.

Bartnelken, Marienglockenblumen, Fingerhut und viele andere, zweijährig kultivierte Arten eignen sich für den direkten Anbau und müssen nicht in Töpfen vorgezogen werden. Man streut die Samen von Juni bis Juli auf eine gut vorbereitete Stelle mit feinkrümeliger Erde und hält sie gleichmäßig feucht. Nach dem Aufgehen der Saat lässt man nur ein bis zwei kräftige Jungpflanzen im Abstand von 10 cm stehen. Die überzähligen Pflanzen können an andere Stellen versetzt werden.

TIPP Manchmal sehen die Beete nach dem Einziehen der prächtigen Frühjahrsblüher kümmerlich aus. In Töpfen überwinterter Isländischer Mohn, Goldlack, Vergissmeinnicht, Marien-Glockenblumen oder Bartnelken füllen schnell jene Lücken, die die kurzlebigen Zwiebelpflanzen hinterlassen haben.

Goldlack, Sorten vom zweijährig kultivierten Gänseblümchen *(Bellis perennis)* und das Stiefmütterchen *(Viola tricolor)* eignen sich hervorragend zum Kultivieren in Töpfen und Körben.

Für Beet und Vase

Fast alle zweijährig gezogenen Pflanzen sind sehr gut für den Schnitt geeignet. Bartnelken, Fingerhut, Marien-Glockenblumen oder Stockrosen bringen durch ihre leuchtenden, großen Blüten Farbe in jeden Strauß. Anders das Silberblatt. Neben seinen purpurvioletten oder weißen Blüten entwickelt es einen merkwürdigen Fruchtschmuck. Eine nahe Verwandte, die Nachtviole *(Hesperis matronalis)*, bringt von Juni bis Juli reichlich lila Blüten hervor, die herrlich duften. Sie eignet sich ausgezeichnet für den Naturgarten, da sie sich selbst aussät. Nachtviolen lassen sich gut in Gärten, die mit Gräsern und Wildstauden bepflanzt sind, integrieren. Einmal in den Garten geholt, kümmern sie sich selbst um ihr weiteres Fortkommen.

RAFFINIERTER LÜCKENFÜLLER: VERGISSMEINNICHT

Es müssen nicht immer Stiefmütterchen sein. Vergissmeinnicht *(Myosotis sylvatica)* zwischen spät blühenden Tulpen bewirken zweierlei: die nur 20 bis 30 cm hoch werdenden, locker verzweigten Blütenstände überdecken einerseits die kahlen Stellen am Boden, wie auch die steifen Tulpenblätter, andererseits bringen sie durch ihre rein blauen Blüten eine neue Farbe ins Beet. Aus den himmelblauen Wolken tauchen die straffen Stiele der Tulpen, oder auch des Zierlauches, mit ihren großen Kelchen oder violetten Kugeln.

Pflege

Lockt nicht nur Insekten an: Goldlack.

Manche zweijährig kultivierten Pflanzen erreichen beachtliche Höhen und entwickeln gewaltige Blattmassen. Das entgeht auch Schnecken, Spinnmilben, Rüsselkäfern und Schmarotzerpilzen nicht. So sind die Stockrosen wegen Malvenflohkäfer, Stängelfäule, und dem gefürchteten Malvenrost (Erregerpilz: *Puccinia malvacearum)* etwas in Verruf geraten. Vor allem Trockenheit und Nährstoffmangel führen fast immer zum Befall mit Malvenrost, der sich auf der Blattunterseite in weißen, später gelb- bis braunvioletten Pusteln zeigt. Die Blätter vergilben und sterben ab. Gießen, Düngen und ständiges Entfernen von krankem Laub hilft, die Plage etwas einzudämmen. Fingerhut und Nelken werden manchmal von Blattläusen, Vergissmeinnicht und Königskerzen hingegen vom Echten Mehltau geplagt. Ein Befall ist aber häufig ein Zeichen, dass es den Pflanzen am Standort nicht behagt. Man erspart sich viel Ärger und Frust, wenn man nicht partout auf eine bestimmte Art besteht, sondern sich nach Alternativpflanzen umsieht.

Winterschutz

Die grünen Rosetten der Marien-Glockenblume, des Fingerhuts und der Bartnelken wie auch des Goldlacks benötigen in sehr kalten, ungeschützten Lagen einen Winterschutz aus Reisig oder trockenem Laub. Im zeitigen Frühjahr, wenn die Pflanzen frisch austreiben, muss der Schutz entfernt werden.

Fingerhut

Alle in einem Beet

Wer sagt, dass Stauden nur unter sich bleiben sollten? Es ist reizvoll, die Grenzen im Beet zwischen Ein- und Mehrjährigen, zwischen Sommerblumen, Stauden, Gehölzen und Zwiebelgewächsen zu verwischen. Schließlich wachsen ja auch in der Natur kurzlebige und ausdauernde Pflanzen nebeneinander. So wird auch im Naturgarten zusammen gepflanzt, was zusammenpasst, und dieselben Ansprüche an den Boden stellt. Selbst im Gemüsegarten sind Stauden willkommen, so wie es im Bauerngarten ja schon lange Brauch ist.

Zwiebel- und Knollenpflanzen

Denkt man sich den blau blühenden Schneestolz weg, wird klar, wie wertvoll Zwiebel- und Knollenpflanzen für das Staudenbeet sind.

Sie blühen entweder sehr früh, oder besonders spät im Jahr, oder zu einer Zeit, wo das Staudenbeet scheinbar Sommerpause hat. Zwiebel- und Knollenpflanzen sind also eine ideale Ergänzung. Ob sie allerdings bleiben, sich durch Samen, Brutzwiebeln oder -knollen vermehren, verwildern, und mit der Zeit ansehnliche Bestände bilden, hängt davon ab, ob ihnen die Bedingungen zusagen. Was sie aber auf keinen Fall wollen, ist stauende Nässe im Winter.

Schön fürs Trockenbeet: *Lilium pumilum*

FRÜHLING ❧ Pflanzt man im Herbst früh blühende Blausternchen, Krokusse und andere Frühlingsboten ins Beet, hat man schon Blüten zum Bewundern, wenn die Stauden gerade einmal auszutreiben beginnen. Die gespeicherten Kraftreserven in ihren Zwiebeln und Knollen machen dieses Frühlingswunder möglich. Mit Traubenhyazinthen, Schneestolz, Krokus, Blausternchen und kleinen Narzissen lassen sich schöne Bilder zaubern. Der dunkelrote Austrieb von Pfingstrosen ist ja an sich schon reizvoll, aber noch schöner ist es, wenn Frühblüher dazwischen und rundherum auf dem noch nackten Beet blühen. Wenn ihr Laub einzieht und nicht mehr so schön aussieht, sind die Blätter schon üppig entwickelt. Gleiches gilt für Polsterstauden: nach der »gemeinsamen« Blüte schlüpfen die Zwiebelpflanzen wieder in die Pölster, wie in ein Bett, zurück.

SOMMER ❧ Wenn das bunte Staudenbeet im Juni und Juli nach dem großen Blühen ein wenig »leer« geworden ist, erscheinen die Lilien. Die knallorange Feuerlilie ist wunderschön, aber unter den Lilien diejenige, die besonders anfällig ist für stauende Nässe im Winter. Interessant an der am passenden Standort schönen, robusten und dankbaren Pflanze sind auch die kleinen Brutzwiebeln, die in den Blattachseln gebildet werden. Sie fallen ab und entwickeln sich zu neuen Pflanzen. Madonnenlilien blühen zur selben Zeit. Ihre

makellos weißen Blüten duften besonders intensiv. Anders als bei den meisten Zwiebelpflanzen sollte man sie schon im August pflanzen, damit sie genügend Zeit haben anzuwurzeln, und um noch im Herbst ihren Blattschopf auszubilden.

Im Gegensatz zu den Lilien mit ihrer relativ kurzen Blütezeit blühen Dahlien vom Sommer bis zu den ersten Frühfrösten. Fast alle hohen Sorten neigen zum Umfallen; sie müssen gestützt und aufgebunden werden.

Der gelbe Lauch ist eine wertvolle Bereicherung fürs Trockenbeet.

HERBST Die zartlila Herbstzeitlosen brauchen frischen bis feuchten, nährstoffreichen Boden. Sie vermehren sich gut und die Bestände werden, wenn es ihnen behagt, immer größer und schöner. Nicht vergessen darf man auf die Blattschöpfe, die im Frühling erscheinen. Hier muss man geschickt kombinieren, um sie in ein Staudenbeet zu integrieren. Herbstzeitlosen gehören zu den giftigsten Pflanzen im Naturgarten. Vor allem die Samen enthalten eine hohe Giftkonzentration. Bereits 1,5 Gramm gelten als tödliche Dosis für Kinder. Bei krabbelnden Babys und Kleinkindern ist also höchste Vorsicht geboten. Eine schöne Alternative sind die Herbstkrokusse.

TIPP **Gerade sogenannte »Botanische« oder »Wilde« Zwiebel- und Knollenpflanzen werden leider immer noch zu Millionen von Naturstandorten, vor allem aus der Türkei und Georgien entnommen. Ein enormer Raubbau an der Natur, gefördert durch die Armut der Bevölkerung, und ausgenutzt durch skrupellose Händler und ahnungslose Gärtner. Kaufen Sie nur Zwiebel- und Knollenpflanzen mit dem Aufdruck »aus Kulturmaterial vermehrt«, oder beim Händler Ihres Vertrauens.**

Steppensalbei (*Salvia nemorosa*, Sorte 'Amethyst') mit Zierlauch (*Allium giganteum*, Sorte 'Globemaster').

Zwiebel- und Knollenpflanzen zum Kombinieren mit Stauden an sonnigen Standorten

VOLLE SONNE

	Blütezeit	Blütenfarbe	mittlere Höhe in cm	Besonderheiten
Zierlauch *Allium christophii*	6	rosa-lila	50	große, locker-kugelige Blütenstände mit 20 cm Durchmesser, Samenstände gut zum Trocknen
Sternkugel-Lauch *Allium aflatuense*	5 bis 6	dunkelrosa	80	kugelige Blütenstände mit 10 cm Durchmesser
Gelber Lauch *Allium flavum*	6 bis 8	gelb	30	interessante Blütezeit: Hochsommer, auch für sehr trockene Standorte
Gold-Lauch *Allium moly*	5 bis 6	gelb	20	verwildert leicht durch Selbstaussaat, trockene Plätze
Dunkle Sternhyazinthe *Chionodoxa sardensis*	3	blau	10	verwildert leicht, schön z. B. zum Unterstreuen zwischen Pfingstrosen
Herbstkrokus *Crocus speciosus*	9 bis 10	lila	12	Pflanzzeit ist schon August, zum Verwildern
Dalmatiner Krokus *Crocus tommasinianus*	3 bis 4	lila	8	verwildert leicht, ideal zum Einstreuen zwischen spät austreibende Stauden
Dahlie *Dahlia-Hybriden*	6 bis 10	in vielen Farben	bis 150	Knollen frostfrei überwintern, hohe Sorten aufbinden
Traubenhyazinthe *Muscari racemoscum*	4 bis 5	blau	10	schön in Kombination mit gelb blühenden Polsterstauden wie Steinkraut *(Aurinia saxatilis)*, verwildert durch Brutzwiebeln
Wild-Tulpe, Weinbergtulpe *Tulipa sylvestris*	4	gelb	30	kommt wild in Weingärten vor, manchmal blühfaul

Pflanzzeit und Pflanztiefe

Zwiebeln und Knollen werden bei Frühjahrsblühern von September bis November, und bei Herbstblühern schon ab August gesetzt. Für die Pflanztiefe von Blumenzwiebeln gilt die Faustregel: Erdbedeckung mindestens dreimal so hoch wie der Durchmesser der Zwiebel.

In kleinen Gruppen gesetzt wirken die Pflanzen besser als einzeln auf eine größere Fläche verteilt, weil das ihrem natürlichen Vorkommen entspricht.

Harmonie durch ähnlichen Farbton: Zierlauch und Akelei.

Zwiebel- und Knollenpflanzen zum Kombinieren mit Stauden an sonnigen Standorten

SONNE BIS HALBSCHATTEN

	Blütezeit	Blütenfarbe	mittlere Höhe in cm	Besonderheiten
Anemone *Anemone blanda*	3 bis 4	weiß, rosa, lila	6	Knollen vor dem Setzen einige Stunden in Wasser quellen lassen, viele Sorten
Herbstzeitlose *Colchicum autumnale*	9 bis 10	rosalila	15	Pflanzzeit ist schon im August, Blattschöpfe im Frühling, ganze Pflanze stark giftig!
Kaiserkrone *Fritillaria imperialis*	4 bis 5	orange, gelb	100	mitten im Staudenbeet imposant, zieht schnell ein (4 Wochen später verschwunden), nährstoffreicher, nicht zu trockener, aber durchlässiger Boden, gelegentlich düngen
Feuerlilie *Lilium bulbiferum*	6 bis 7	orange	80	nur in gut durchlässigem Boden, sehr robust, Brutzwiebeln
Madonnenlilie *Lilium candidum*	6 bis 7	weiß	80	Pflanzzeit ist schon August (Erdbedeckung nur etwa ein Mal die Zwiebeldicke oder ca. 5 cm), Blattschopf bildet sich noch im Herbst
Narzissen *Narcissus sp.*	3 bis 5	weiß, gelb	20–50	großes Sortiment von kleinen Wildarten bis zu den bekannten Osterglocken
Milchstern *Ornithogalum umbellatum*	5	weiß	20	warmes Plätzchen, zum Verwildern
Blausternchen *Scilla bifolia*	2 bis 3	blau	8	verwildert leicht durch Selbstaussaat
Blausternchen *Scilla siberica*	3	blau	10	größere Blüten als *S. bifolia*, verwildert leicht durch Selbstaussaat

Toller Farbkontrast der Traubenhyazinthe zum gelben Steinkraut.

Selbstaussaat?

Viele der kleinen Frühjahrsboten wie Blausternchen, Schneestolz oder Krokus bilden an günstigen Standorten mit der Zeit immer größere Bestände, sei es durch Selbstaussaat, oder durch die Bildung immer neuer Brutzwiebelchen. Sie breiten sich ohne unser Zutun aus und sind daher im Naturgarten höchst willkommen. Die Zwiebeln schlummern ab Sommer im Boden, daher muss man beim Umgraben, Umsetzen und anderen Arbeiten vorsichtig sein. Auch Narzissen können im Boden bleiben und sich von selbst vermehren. Vor allem bei den größeren Arten mit langen Blättern muss man aber viel Geduld aufbringen und ihnen Zeit zum Einziehen lassen. Sie brauchen außerdem fürs nächste Jahr ausreichend Nährstoffe, daher muss man sie jährlich gut mit Kompost und organischen Düngern versorgen.

Einjährige Blumen und Schlinger

Im Hochsommer sind einjährige Sommerblumen eine wertvolle, weil unermüdlich blühende Bereicherung im Staudenbeet.

Sommerblumen im Staudenbeet haben zwei große Vorteile: sie entwickeln sich rasch und haben eine viel längere Blütezeit als die meisten Mehrjährigen. Daher sind sie ideale Lückenfüller, sowohl räumlich im Beet, als auch zeitlich: Mit einer geschickten Auswahl von Blütezeit, Höhe und Farbe bei Einjährigen, kann man vom Frühling bis zum Herbst mit Blüten im Staudenbeet rechnen. Manche Pflanzen, wie die Schmuckkörbchen oder Ringelblumen, säen sich in den Folgejahren verlässlich von selbst aus, man muss sie dann nur dort auszupfen, wo man sie nicht haben will.

FOLGENDE SOMMERBLUMEN PASSEN GUT ZWISCHEN STAUDEN

BECHERMALVE *(Lavatera trimestris)*
JUNGFER IM GRÜNEN *(Nigella damascena)*
LÖWENMAUL *(Antirrhinum majus)*
MOHN *(Papaver somniferum, Papaver rhoeas)*
RINGELBLUME *(Calendula officinalis)*
SCHMUCKKÖRBCHEN *(Cosmos bipinnatus, Cosmos sulfureus)*
SOMMERASTER *(Callistephus chinensis)*
SONNENBLUME *(Helianthus annuus,* verschieden hohe Sorten)
SONNENWENDE *(Heliotropium arborescens)*
STRANDFLIEDER (*Limonium*-Arten)
VERBENE *(Verbena bonariensis)*
WUNDERBLUME *(Mirabilis jalapa)*

Nicht wegzudenken sind die einjährigen Schlinger, wie hier die Trichterwinde, wenn es um die rasche (und den ganzen Sommer blühende!) Begrünung von Zäunen hinter Staudenbeeten geht.

linger unter den einjährigen
chlingen sich in einer Saison
zwei oder drei Meter hoch, die
Cobaea scandens) klettert sogar
Meter hoch. Sie ist in ihrer warmen
o zwar mehrjährig, übersteht aber
Vinter nicht. Einjährige Schlinger
n Staudenbeet mit einem Haus
anda, indem sie auf Stäben,
ern, Schnüren oder Rankpyrami-
he klettern. Sie beranken auch
une hinter dem Beet. Eine der
ernden Stauden ist die Stauden-
us latifolius), die ebenfalls an
nkend sehr schön aussieht, aber
ftet wie ihre einjährige
Duftwicke *(Lathyrus odoratus)*.

E SCHLINGER
BINIEREN MIT STAUDEN

CKE *(Lathyrus odoratus)*
OHNE *(Phasaeolus coccineus)*
NREBE *(Cobaea scandens)*
NERKRESSE
um majus)
ZÄUGIGE SUSANNE
(Thunbergia alata)
TRICHTERWINDE *(Ipomoea tricolor)*

Gehölze

Ein Klassiker:
Lavendel und Rose.

Sträucher dürfen den Stauden dazwischen nicht zu viel Konkurrenz machen und nicht zu groß werden, wenn das Beet ein sonniges bleiben soll. Klein bleibende Gehölze lockern die Bepflanzung auf, oder stehen im Hintergrund vor Mauern, Hauswänden oder Zäunen, gesäumt und flankiert von passenden Stauden.

Ein Bepflanzungsbeispiel: Das durchschnittlich ein Meter hoch werdende Mandelröschen *(Prunus tenella)* ist eine Pflanze des warmen, pannonischen Osten Österreichs. Es passt wunderbar zu Diptam *(Dictamnus albus)* und Blut-Storchschnabel *(Geranium sanguineum)*, die wild am selben Standort wachsen.

Kleine Auswahl schöner Kleinsträucher für das sonnige Staudenbeet

	Blütezeit	Blütenfarbe	mittlere Höhe in cm	Besonderheiten
Zwergmandel *Prunus tenella*	4 bis 5	rosa	150	heimisch, verträgt Trockenheit, vermehrt sich durch Wurzelausläufer
Mandelröschen *Prunus triloba*	4 bis 5	hellrosa	150	Heimat China, dichte Blüten am ganzen Zweig
Seidelbast *Daphne mezereum*	3 bis 4	dunkelrosa	120	heimisch, dichte Blüten direkt am Stängel (!), intensiver Duft, ab Juni rote Beeren, stark giftig, Sonne bis Halbschatten

Gemüse und Kräuter

Ein buntes Nebeneinander: Gemüse, Kräuter, Einjährige und Stauden im Bauerngarten.

TIPP **Auch Teekräuter wie Melissen, oder die vielen Minzen passen sehr gut in ein Staudenbeet und blühen schön, schließlich sind sie ja selber Stauden im botanischen Sinn. Das gilt für viele unserer Arzneipflanzen, so auch für den Echten Eibisch** *(Althaea officinalis),* **oder das schöne Herzgespann** *(Leonurus cardiaca).* **Die Grenze zwischen Gartenstauden und Heilkäutern ist ohnehin fließend, man denke z.B. an Lavendel, Katzenpfötchen, Schafgarbe oder Alant.**

Blumen sind seit langem ein fixer Bestandsteil im Bauerngarten. Es geht aber auch umgekehrt: warum nicht einige Gemüsearten ins Staudenbeet pflanzen? Höhere Arten wie Grünkohl, Karfiol, Knollenfenchel, Artischocken, Cardy, Etagenzwiebeln oder die bunten Mangold-Sorten wirken witzig und interessant in einem »normalen« Staudenbeet. Gemüse braucht viele Nährstoffe, und muss gut mit Kompost, anderen organischen Düngern und Wasser versorgt werden. Für eine Partnerschaft kommen daher nur Stauden in Frage, die ähnlich gute Bedingungen suchen.

Vor allem in kleinen Gärten, wo zu wenig Platz für getrennte Gemüse- und Staudenbeete zur Verfügung steht, ist eine gelungene Mischung aus Gemüse und Stauden eine interessante Lösung. Da kommen dann auch noch die Kräuter dazu, die von Wuchs, Höhe und/ oder Lebensalter den Stauden sowieso ähnlich sind: Thymianpolster zwischen Sonnenröschen, Salbei und Ysop neben Mädchenaugen, Schnittlauch als blühende Einfassung statt dem grünen Buchs. Hohe Gewürzkräuter wie Liebstöckel, die noch dazu sehr hübsch gelb blühen, gedeihen gut im Hintergrund zwischen hohen Stauden, wie Baldrian, oder dem blauen Rittersporn, der einen spannenden Kontrast zum »Maggikraut« setzt. Und Gewürzfenchel ist ja schon fast eine Mode im Staudenbeet geworden. Sein feines Laub und die zarten, grünlichgelben Doldenblüten schmiegen sich zwischen höhere Stauden, ohne sie zu verdecken. Aus dem Staudenbeet strömt an einem heißen Sommertag der zarte Fenchelduft und erinnert an einen Urlaub am Mittelmeer.

Ein Feuerwerk an Farben

Schöne Pflanzenkombinationen und übers ganze Jahr gestreute Blüten lassen sich in jedem Garten verwirklichen. Unermüdliche Dauerblüher und prächtige Stauden für den Spätsommer bringen Farbe in den Naturgarten. Dabei muss man nicht nur an Beete denken. Es gibt im Naturgarten viele Bereiche, wie trockene Ufersäume, die mit speziell ausgesuchten Arten einen Teich nicht nur schön in den Garten einbinden, sondern auch bunter werden lassen.

Sommerblüher

Das große Feuerwerk an Farben ist schon abgebrannt. Wo noch im Juni ein Beet in voller Blüte stand, ist im Juli und August nicht mehr viel davon zu sehen. Erste Stauden wurden wegen des Mehltaus bereits zurückgeschnitten, und die Sträucher und Bäume haben schon längst ihre maigrünen Blätter und bunten Blüten gegen das dunklere Grün des Sommers getauscht. Um frische Farben in den Naturgarten zu holen, gibt es, neben dem bewährten »Hausmittel« Sommerblumen, einige andere interessante Möglichkeiten.

Arzneipflanze mit langer Blütezeit: Roter Sonnenhut *(Echinacea purpurea)*

HOCHSOMMER: BLÜTENARME ZEIT?

Es gibt nicht sehr viele Stauden, deren Blütezeit erst im Juli beginnt. Bekannte Beispiele dafür sind der Hohe Staudenphlox *(Phlox paniculata)*, die Taglilie *(Hemerocallis x hybrida)*, das Sonnenauge *(Heliopsis scabra)* und der Sonnenhut (*Rudbeckia*-Arten). Vor allem von der Taglilie und vom Phlox gibt es unzählige Sorten in kräftigen, bunten Farben. Wer gerne Gewohntes durchbricht, und auf der Suche nach Neuem im Garten ist, der sollte es aber vielleicht einmal mit der einen oder anderen, weniger bekannten Wildstaude probieren.

Sommerblüher für Beet und Bauerngarten

	Blütezeit	Blütenfarbe	mittlere Höhe in cm	Besonderheiten
Edel-Schafgarbe *Achillea nobilis*	6 bis 10	rosa/weiß	30	Heilpflanze, lange Blütezeit
Eisenhut *Aconitum napellus*	7 bis 9	blau	100	Sonne bis Halbschatten, giftig
Berg-Aster *Aster amellus*	8 bis 10	lila	40	schön in Kombination mit Gräsern
Karthäusernelke *Dianthus carthusianorum*	6 bis 9	purpurrot	50	trockene Böden, duftet, lange Blütezeit
Roter Sonnenhut *Echinacea purpurea*	6 bis 9	rot	80	Arzneipflanze, lange Blütezeit
Feinstrahlaster *Erigeron-Hybriden*	6 bis 8	rosa	60	fällt leicht um, daher aufbinden
Sonnenbraut *Helenium-Hybriden*	8 bis 9	gelb/rot/weiß	90	schön in Kombination mit Phlox
Sonnenröschen *Helianthemum nummularium*	6 bis 9	gelb	20	Trockenmauern, lange Blütezeit
Johanniskraut *Hypericum perforatum*	7 bis 9	gelb	50	Heilpflanze, trockene Böden
Schmalblättriger Alant *Inula ensifolia*	7 bis 8	goldgelb	30	rasch wachsend, robust
Alpenlein *Linum perenne*	6 bis 8	himmelblau	50	schön in Kombination mit Federgras *(Stipa)*
Indianernessel *Monarda-Hybriden*	7 bis 8	rot/weiß	90	Blätter aromatisch duftend
Sonnenhut *Rudbeckia fulgida*	8 bis 10	goldgelb	70	auch für größere Flächen, kurzlebig
Echtes Seifenkraut *Saponaria officinalis*	7 bis 9	rosa	60	anspruchslos, Heilpflanze, stark duftend
Gewöhnliche Goldrute *Solidago virgaurea*	7 bis 9	gelb	80	anspruchslos, lange Blütezeit

Sommerblüher: Indianernessel, Taglilie und Sonnenbraut.

Dauerblüher

Heimische Wildstaude und Dauerblüher: Karthäusernelke.

Die meisten Stauden blühen nur wenige Wochen, doch es gibt auch erwähnenswerte Ausnahmen. Ihre Blütezeit erstreckt sich vom Frühsommer bis in den Herbst hinein. Zwar ist der Flor über den Sommer nicht gleich intensiv, sie bleiben aber die ganze Zeit über schön.

Schöne Dauerblüher für das Staudenbeet

	Blütezeit	Blütenfarbe	mittlere Höhe in cm	Besonderheiten
Wiesenschafgarbe *Achillea millefolium*	6 bis 9	weiß	60	trockene Böden, Heilpflanze
Färberkamille *Anthemis tinctoria*	6 bis 9	gelb	50	für trockene Standorte, Dauerblüher bei Rückschnitt
Ochsenauge *Buphthalmum salicifolium*	6 bis 9	gelb	50	Sonne bis Halbschatten
Hängepolster-Glockenblume *Campanula poscharskyana*	5 bis 8	hellblau	15	Trockenmauern, vermehrt sich
Rundblättrige Glockenblume *Campanula rotundifolia*	6 bis 9	lila	20	magerer Boden, für Trockenmauern, Gehölzsaum Sonne bis Halbschatten
Karthäusernelke *Dianthus carthusianorum*	6 bis 9	purpurrot	50	trockener Standort, durchlässiger Boden, duftet, zieht Schmetterlinge an
Spornblume *Centranthus ruber*	6 bis 9	rosa	70	trockener Boden, kurzlebig, aber Selbstaussaat
Mädchenauge *Coreopsis verticillata*	6 bis 9	gelb	70	dichter Wurzelstock, feinzerteiltes Laub
Blutroter Storchschnabel *Geranium sanguineum*	5 bis 9	karminrot	20	als Bodendecker verwendbar
Staudenwicke *Lathyrus latifolius*	7 bis 9	rosa	200	Kletterstaude, Zäune, langlebig
Gelbe Gauklerblume *Mimulus luteus*	5 bis 8	gelb	25	liebt feuchte Böden, Selbstaussaat verblühter Teile Hängepolster-Glockenblume
Katzenminze *Nepeta faassenii*	5 bis 9	blau	25	Bodendecker, aromatisch duftende Blätter
Missouri-Nachtkerze *Oenothera macrocarpa*	6 bis 9	gelb	60	Trockenmauern, braucht nährstoffreiche Böden

Bei Arten, die volle Sonne nicht vertragen, ist das durch den Vermerk »Sonne bis Halbschatten« gesondert gekennzeichnet.

Die Sumpf-Wolfsmilch hat nicht nur schöne Blüten, sondern auch eine prächtige Herbstfärbung.

Bunte Ufer

Wassergräser, Rohr- und Igelkolben, wie auch viele Schwimmblattpflanzen, machen aus spiegelnden Wasserflächen und deren Ufern erst jene üppig wuchernde Teichandschaft, die einen glauben lässt, sie wäre schon immer da gewesen. Am Beginn des Gartenjahres sieht man vorerst wenig. Die Teichpflanzen treiben etwas später aus als Pflanzen auf dem Festland. Das hängt damit zusammen, dass sich der dunkle Gartenboden schneller erwärmt als das Wasser. So befindet sich ein Teich am Beginn des Frühlings noch im Winterschlaf. Um so rascher entwickeln sich die Pflanzen dann ab Mai. Stauden entlang des Ufersaumes schaffen nicht nur einen fließenden Übergang zur Umgebung, sie bringen auch Farbe an das grün dominierte Ufer. Dabei kann man gerade solche Blütenstauden auswählen, deren Wuchs und Charakter den Wasserpflanzen ähnlich sind, und die noch dazu eine besonders lange Blütezeit haben.

UFERSAUMBEPFLANZUNG Obwohl es verlockend erscheint, feuchtigkeitsliebende Pflanzen an den Teichrand zu setzen, muss man bedenken, dass es sich hier um einen normalen,

Interessant für das Ufer: Sumpfblutauge *(Potentilla palustris)*.

mehr oder weniger »trockenen« Standort handelt. Die Teichfolie ist eine künstliche Barriere, die es bei Gewässern in der Natur nicht gibt. Dennoch kann man bei geschickter Pflanzenauswahl eine üppige Ufervegetation ansiedeln, die auf normalem Gartenboden gedeiht. Manche Stauden haben, was die Bodenansprüche betrifft, eine große Toleranz. Die Sibirische Wieseniris *(Iris sibirica)*, das Pfennigkraut *(Lysimachia nummularia)*, der Baldrian *(Valeriana officinalis)*, der Blut-Weiderich *(Lythrum salicaria)* und die Sumpfwolfsmilch *(Euphorbia palustris)* können sowohl in die Sumpfzone des Teiches, als auch außerhalb gesetzt werden. Das Ineinanderfließen von Ufer- und Teichpflanzen schafft einen naturnahen Ufergürtel.

UFERBEPFLANZUNG FÜR WASSERLÄUFE Besser als hohe Begleitstauden, die einen Wasserlauf verdecken, eignen sich niedrig bleibende heimische Wildstauden, wie Frauenmantel *(Alchemilla vulgaris)*, Pfennigkraut *(Lysimachia nummularia)* oder der Günsel *(Ajuga reptans)*. Bei genügender Bodenfeuchtigkeit ebenso geeignet sind der Knöterich *(Polygonum bistorta)* und die gelbe Gauklerblume *(Mimulus luteus)*.

Schöne Ufersaumbepflanzung: Wasserdost und Blutweiderich.

Empfehlenswerte Stauden für das sonnige Ufer

	Blütezeit	Blütenfarbe	mittlere Höhe in cm	Besonderheiten
Sumpf-Schafgarbe *Achillea ptarmica*	6 bis 9	weiß	60	liebt nahrhaften, feuchten Boden, lange Blütezeit
Kriechender Günsel *Ajuga reptans*	4 bis 6	blau	20	Ausläufer treibend, guter Bodendecker
Frauenmantel *Alchemilla vulgaris*	6 bis 8	gelbgrün	30	anspruchslos, Sonne bis Halbschatten
Wasserdost *Eupatorium cannabinum*	7 bis 9	rosa	120	langlebig, imposante Staude
Sumpfwolfsmilch *Euphorbia palustris*	5 bis 6	dunkelgelb	100	normal trocken bis feuchte Böden, schöne Herbstfärbung
Mädesüß *Filipendula ulmaria*	6 bis 7	weiß	100	passt gut zu Blutweiderich
Bachnelkwurz *Geum rivale*	4 bis 9	rosa-gelblich	30	normaler bis feuchter Boden
Wiesenstorchschnabel *Geranium pratense*	6 bis 9	blauviolett	40	Sonne bis Halbschatten, nährstoffreicher Boden
Wiesen-Schwertlilie *Iris sibirica*	6	blau	70	robust, normal trockene bis feuchte Böden, grasähnliche Blätter
Felberich *Lysimachia vulgaris*	6 bis 8	gelb	80	starker Ausbreitungsdrang durch Ausläufer, Sonne bis Halbschatten
Pfennigkraut *Lysimachia nummularia*	5 bis 7	gelb	5	als Bodendecker verwendbar, feuchte, nicht zu trockene Böden
Gewöhnlicher Blutweiderich *Lythrum salicaria*	7 bis 8	dunkelrosa	100	wertvoller Sommerblüher, robust, Selbstausaat
Trollblume *Trollius europaeus*	5 bis 6	gelb	50	feuchter, lehmiger Gartenboden
Wiesenraute *Thalictrum aquilegifolium*	5 bis 6	lila/weiß	130	langlebig, Sonne bis Halbschatten
Blaue Himmelsleiter *Polemonium caeruleum*	5 bis 6	blau	60	liebt feuchte bis normale Böden, zieht früh ein, kurzlebig
Kerzenehrenpreis *Veronica longifolia*	7 bis 8	blau	80	stattliche Staude, straffer Wuchs, langlebig

Bei Arten, die volle Sonne nicht vertragen, ist das durch den Vermerk »Sonne bis Halbschatten« gesondert gekennzeichnet.

Stauden rund ums Jahr

Stauden pflanzt man, weil sie schön blühen, oder weil ihre Blätter eine Zierde sind. Das stimmt aber nicht ganz. Denn schon allein ihr Austrieb ist geheimnisvoll, wenn man genau hinzuschauen weiß. Und auch ihr Abschied im Herbst ist manchmal spektakulär. Bunte Früchte, bizarre Fruchtstände und weinrot-gelb verfärbte Blätter verlängern die Staudensaison im Naturgarten bis weit in den Oktober hinein. Und selbst dann ist es im Beet noch nicht vorbei, denn nun haben Raureif und Schnee ihren großen Auftritt.

Frühling – Stauden mit interessantem Austrieb

Weißer Germer *(Veratrum album)*

Manche können es im März ja kaum erwarten. Tag für Tag gehen sie in den Garten hinaus, schauen ob sich schon etwas rührt, ob erste grüne Spitzen aus der krümeligen Erde sprießen. Ihnen bleiben die tollsten, rührendsten, witzigsten und unglaublichsten Dinge dieser Jahreszeit sicher nicht verborgen: wie Stauden verknittert, verdreht und Blatt für Blatt dicht komprimiert das Licht des neuen Jahres erblicken.

Die Rhabarber-Arten (Gemüse- wie auch Zier-Rhabarber) zum Beispiel haben ihre innersten Blätter zu einer prallen Kugel verdichtet. Anfangs schützt sie eine braune Hülle, die schließlich aufplatzt, und die auf Minigröße gefalteten Riesenblätter hervorquellen lässt. Wenn Pfingstrosen austreiben, sind sie tief dunkelrot. Im Laufe ihres Wachstums, wenn sie sich zu ihrer endgültigen Größe strecken, verblasst die Farbe mit jedem Zentimeter bis auf einen roten Hauch an den grünen Stielen. Witzig sehen auch die jungen Triebspitzen des Weißen Germers *(Veratrum album)* aus. Die prallen, gespitzten Blattbündel wirken wie Geschoße, so als würden sie als Raketen in Zeitlupe aus der Erde geschossen.

MOMENTAUFNAHMEN

Veränderungen im Reich der Pflanzen fallen uns Menschen nur über einen längeren Zeitraum auf, etwa im Wechsel der Jahreszeiten. Oft übersieht man dabei aber die täglichen kleinen »Zeitlupenwunder«, wie eben den Austrieb mancher Stauden. Ein Foto hält diese Momente fest, und oft wird einem erst durch solche »eingefrorenen« Standbilder bewusst, was sich da Jahr für Jahr für unsere Augen fast unbemerkt abspielt.

Zier-Rhabarber *(Rheum undulatum)*

Sommer & Herbst – Stauden mit schönem Fruchtschmuck

Ungewöhnliche Farben haben die Samen in den aufspringenden Balgfrüchten der seltenen Botanischen Pfingstrose *(Paeonia russii var. liocarpa)*.

Mit einigen ausgesuchten Stauden bleibt ein Beet noch bis in den späten Herbst, wenn die letzten Astern verwelken, reizvoll, ja manchmal sogar bis in den Winter. Oft sind es nicht nur die einzelnen Früchte, die in knalligen Farben vom Frühling bis zum Herbst verzaubern, sondern der ganze Fruchtstand, der weithin leuchtet.

Trockene Fruchtstände gehören ebenso zum Naturgarten. Unspektakular braun stehen sie da und fallen erst auf den zweiten Blick auf. Wer im späten Herbst, wenn das große Blühen vorbei ist, nicht die Freude daran verliert, seine Augen im Garten spazieren zu führen, wird viel Schönes entdecken. In der tiefstehenden Sonne erstrahlen Gräser mit fedrigen oder silbrig behaarten Schöpfen ebenso wie die trockenen, braunen Kegel der zweijährigen Wilden Karde *(Dipsacus fullonum)*. Jedes Härchen und jeder Dorn wird im Gegenlicht sichtbar.

Die Vögel werden es auf jeden Fall danken, wenn sie sich mit den Samen den Bauch vollschlagen können. Körnerfresser wie Distelfink, Grünfink und Gimpel stellen sich im Garten ein. Spinnen hängen ihre Radnetze zwischen den stehengebliebenen Stängeln auf.

Natürlich sind Stauden mit Fruchtschmuck keine homogene Gruppe, und stellen ganz unterschiedliche Ansprüche an Boden und Feuchtigkeit. Wer seinen Naturgarten mit Früchten schmücken will, muss die Pflanzen wohl überlegt auf den trockenen, feuchten, steinigen oder lehmigen Plätzchen verteilen.

Nicht bei allen Stauden bleibt die Freude über ihre imposanten Samenstände ungetrübt. Manche muss man einfach vor der Samenreife schneiden, um nicht im nächsten Jahr mit Tausenden Keimlingen beschenkt zu werden. Dazu zählt zum Beispiel der Bärenklau *(Heracleum*-Arten).

Fruchtstände von manchen Gräsern oder Blütenstauden mit hohlen Stängeln im Herbst zu schneiden, ist auch aus einem anderen Grund nicht sinnvoll: in die Reste der Stängel dringt Wasser ein, das durch Gefrieren die Pflanze über den Winter zum Absterben bringen kann.

Ungewöhnliche Früchte für ein Gras: Morgensternsegge.

So schwarz und so glänzend sind nur wenige Früchte: die Kermesbeere (hier die asiatische Art *Phytolacca acinosa*).

ALTE KULTURPFLANZEN

FÄRBEREI

Die Amerikanische Kermesbeere *(Phytolacca americana)* ist eine alte Färbepflanze. Der Saft ihrer Früchte, das Phytolacca-Rot, wurde früher zum Färben von Zuckerwaren (zum Beispiel Punschkrapfen-Glasur) und zum Vertiefen der Farbe blasser Rotweine verwendet. In Weinbaugebieten findet man die schöne, eineinhalb Meter hohe Staude daher heute noch häufiger in den Hausgärten als anderswo.

WEBEREI

Die trockenen Fruchtstände der Weberkarde wurden bis ins 19. Jahrhundert im Mühlviertel großflächig angebaut und zum Kardieren (Kämmen) und Aufrauen von Schafwolle und von Stoffen verwendet. Karden haben einige botanische Besonderheiten: Die Blüten im kegelförmigen Fruchtstand blühen zuerst rundum in der Mitte auf, und dann gleichzeitig nach oben und nach unten, wodurch zwei blühende Ringe aus blau-lila Einzelblüten entstehen. Jeweils zwei Stängelblätter sind wie zu einer Schüssel miteinander verwachsen, sodass sich kleine Wasserbehälter bilden.

Bei der Wilden Karde sind die stachligen Hüllblätter nach oben gebogen.

BASTELEIEN
AUS DEM NATURGARTEN

LAMPIONSBLUMEN sehen nicht nur hübsch im Garten aus. Mit ihren orangen, recht stabilen Früchten kann man gut basteln. Sie halten lange, wenn man sie im Herbst abschneidet und zum Trocknen aufhängt. Daher kann man sie auch für Weihnachtsgirlanden oder Christbaumschmuck noch verwenden. Die Lampions färben erst spät aus. Schneidet man sie früher, so hat man an einer Pflanze alle Schattierungen von grün bis orange. Besonders toll sind die im Garten vergessenen Lampions, wenn das weichere Gewebe langsam verrottet und nur die Adern übrigbleiben. Wie in einem Käfig eingesperrt sitzt die rote Beere in der Mitte.

Die Früchte der aus Nordamerika stammenden **GEWÖHNLICHEN SEIDENPFLANZE** haben eine seltsame Form. Schneidet man sie grün ab und hängt sie verkehrt mit dem Stiel als Schnabel rundum in ein Wasserglas, sieht es aus, als würden Papageien trinken. Platzen die Früchte am »Rücken« auf und quellen die Samen mit dem silbrigen Haarschopf heraus, sieht es nicht nur für Kinder so aus, als hätten sie tatsächlich Federn.

MONDVIOLEN sind alte Pflanzen aus dem Bauerngarten. Mit den silbernen Scheidewänden, an denen die runden, flachen Samen haften, lassen sich Grußkarten bekleben, Schachteln verzieren oder Bilder gestalten. Wenn die ovalen »Silberlinge« überlappend geklebt werden, sehen sie wie die spiegelnden Schuppen eines Fisches aus.

Papagei beim Trinken. Kinder lieben die Früchte der Gewöhnlichen Seidenpflanze.
UNTEN: Silberblatt: Nur die silbrige Scheidewand der Schote ist übrig, die Samen sind schon zu Boden gefallen.

Stauden mit schmückenden Früchten

	Blütezeit	mittlere Höhe in cm	Fruchtschmuck
Gewöhnliche Seidenpflanze *Asclepias syriaca*	7 bis 8	170	östliches Nordamerika, papageienartige, grüne Balgfrüchte, die an der »Rückennaht« aufplatzen, und seidige Haarschöpfe an den Samen wie Federn entlassen, interessant für Kinder
Silberdistel *Carlina acaulis*	7 bis 9	15	große, bis 15 cm große Körbchen, die nach der Blüte noch lange eine Zierde sind
Diptam *Dictamnus albus*	6 bis 7	60	Früchte springen beim Trocknen explosionsartig auf, schleudern ihre Samen weit fort, und sehen aus wie Sterne
Wilde Karde *Dipsacus fullonum*	7 bis 8	120	zweijährige Pflanze, kegeliger Fruchtstand, Hüllblätter aufgebogen
Weberkarde *Dipsacus sativus*	7 bis 8	120	zweijährige Pflanze, kegeliger Fruchtstand, Hüllblätter waagrecht abstehend
Silberwurz *Dryas octopetala*	5 bis 6	10	silbrig behaarte Fruchtschöpfe, die ab Juni lange zieren
Kugeldistel *Echinops ritro*	7 bis 9	120	schneiden, wenn die Hälfte der Blüten im Köpfchen geöffnet ist
Flachblatt-Mannstreu *Eryngium planum*	7 bis 8	80	sehr stachlige, distelartige Fruchtstände, in der Vollblüte schneiden
Mondviole, Silberblatt *Lunaria annua*	4 bis 5	90	(ein- bis) zweijährige Pflanze, kann auch schon im ersten Jahr blühen und absterben, sät sich aber immer wieder selbst aus, trockene Früchte zieren lange, können auch schon grün geerntet und getrocknet werden
Botanische Pfingstrose *Paeonia russii var. liocarpa*	4 bis 5	50	aufspringende Balgfrüchte, bei dieser seltenen Art auffallend rosa gefärbt
Staudenmohn *Papaver orientale*	5 bis 6	80	typische Mohnfrüchte, aber kleiner als beim einjährigen Schlafmohn
Lampionsblume *Physalis alkekengi*	7	50	aufgeblasene, orange Fruchthülle, darin orange-rote Beere, manchmal bleibt spät im Jahr nur das »Skelett« aus verholzten Adern mit der dann sichtbaren Beere übrig
Kermesbeere *Phytolacca acinosa* *Phytolacca americana*	6 bis 9	150	alte Kultur- und Färberpflanze, glänzend schwarze, rot färbende Beeren an langem Fruchtstand
Kuhschelle *Pulsatilla vulgaris*	3 bis 4	bis 20	weiterwachsender, lange zierender »Hexenbesen« ab Mai

Gräser mit schmückenden Früchten

	Blütezeit	mittlere Höhe in cm	Fruchtschmuck
Zittergras *Briza media*	5 bis 6	20/40	kleine herzförmige Ährchen, die sich beim leichtesten Wind bewegen
Morgensternsegge *Carex grayi*	7 bis 8	30/60	morgensternartige, hübsche Fruchtstände, ungewöhnliche Gestalt
Federgras *Stipa pennata*	6 bis 7	30/80	auffallend lange, silbrig behaarte Grannen

Zwiebelpflanzen mit schmückenden Früchten

	Blütezeit	mittlere Höhe in cm	Fruchtschmuck
Zierlauch *Allium christophii*	6	50	große, kugelige Blütenstände, Durchmesser 20 bis 30 cm
Zierlauch *Allium aflatuense*	6 bis 7	80	große, kugelige Blütenstände, Durchmesser 10 cm
Zierlauch *Allium schubertii*	6	60	bizarrer Blütenstand mit verschieden langen Blütenstielen, Durchmesser bis 40 cm

Bizarrer Fruchtstand des Zierlauchs *(Allium schubertii)*

Herbst – Stauden mit bunter Herbstfärbung

Herrliche Staudenkombination für nährstoffreiche, bodenfeuchte Plätze: Astern und die im Herbst leuchtend-rote Wolfsmilch.

Abgesehen von den Astern und einigen anderen späten Blühern ist der Herbst eine vergleichsweise blütenarme Zeit. Dass er nicht bunt sei, kann man ihm aber wohl nicht nachsagen. Auffallend gefärbte Früchte und rot-orange-gelb-braune Blätter lassen einen fast vergessen, dass das große Blühen für dieses Jahr zu Ende ist. Es sind aber nur wenige Stauden, die mit einer Herbstfärbung auftrumpfen können, wie man sie sonst von Sträuchern oder Bäumen kennt. In manchen Jahren erlebt man allerdings seine Überraschungen, und Blätter, die gewöhnlich der erste Frost erwischt, färben sich langsam bunt. Aber selbst das allmähliche Vergilben ist bei einigen ein Naturschauspiel. Ader für Ader wird das Blatt vom Grün verlassen, wird gelb oder färbt sich in kalten Nächten immer intensiver rot.

GOLDENER HERBST Auch unter den Gräsern gibt es Arten, die im Herbst besonders schön aussehen. Wenn die Sonne an einem warmen Herbstnachmittag tief genug steht, und zwischen den Halmen des Pfeifengrases *(Molinia altissima)* durchblinzelt, weiß man, wieso der Herbst »golden« genannt wird. Das stattliche Gras, das mit den Blüten eine Höhe von zwei Metern erreicht, ist eine Augenweide und scheint mit jedem Sonnenstrahl im Oktober schöner zu werden.

Viele Storchschnäbel färben ihre Blätter im Herbst rot (hier die Art *Geranium macrorhizum).*

Stauden mit schöner Herbstfärbung

	mittlere Höhe in cm	Besonderheiten, Blattfärbung
Riesensteinbrech *Bergenia cordifolia* 'Winterglut'	30	rötliche Färbung der ledrigen, großen Blätter, die bis zum Winterende schön bleiben, Sonne bis Halbschatten
Sumpf-Wolfsmilch *Euphorbia palustris*	100	bezaubernde, kupferrote Färbung der ganzen Pflanze, braucht frische bis feuchte Böden, schön mit Astern
Storchschnabel *Geranium dalmaticum*	10	schöne, rote Herbstfärbung der zierlichen Blätter
Storchschnabel *Geranium macrorhizum* 'Czakor'	30	Bodendecker, rötliche Färbung, Blätter aromatisch duftend
Blut-Storchschnabel *Geranium sanguineum*	25	Bodendecker, leuchtend rote Herbstfärbung
Pfeifengras *Molinia altissima*	60/200	goldbraune Färbung der Halme und Blätter, vor allem bei der Sorte 'Karl Foerster', Sonne bis Halbschatten
Pfingstrose *Paeonia officinalis* *Paeonia-Lactiflora-Hybriden*	 60 90	manche Sorten zeigen eine schöne, rote Färbung der Blätter ab Oktober

Bevor der Frost die Blätter erwischt, bekennen die Pfingstrosen noch einmal Farbe.

Winter – Stauden in Reif und Schnee

Schneehauben bekommen die Stauden, wenn der Winter beginnt.

Der erste Frost, der erste Schnee. Diese Tage bleiben im Gedächtnis, werden mit dem letzten und dem vorletzten Jahr verglichen, und es wird diskutiert, ob es heuer früh sei oder spät. Es sind ja auch besondere Tage, wenn der Reif auf den braunen Samenständen glitzert oder sich die letzten Reste der Stauden Schneehauben aufsetzen lassen. Diese winterlichen Freuden sind vielleicht dazu erdacht, uns aus dem warmen Haus in den Garten hinaus zu locken. Besonders der Reif ist einen Spaziergang wert, wenn die feinen Kristallnadeln in der Sonne glitzern. Nun kann sich glücklich schätzen, wer genügend braune Fruchtstände im Garten stehen gelassen hat, an denen der Winter seine »Künste« zeigen kann.

RECHTE SEITE:
Bereifte Goldruten *(Solidago-Hybriden)* glitzern in der Wintersonne

Infos & Adressen

Bezugsquellen

WILDBLUMENSAATGUT (SAMENVERSAND)

VOITSAUER WILDBLUMENSAMEN
Dipl. Ing. Karin Böhmer, Astrid Dengscherz, 3623 Voitsau 8, Tel. 02873/7306 (kostenlosen Katalog mit vielen Anbautipps anfordern)
E-Mail: wildblumensaatgut@wvnet.at,
Internet: www.wildblumensaatgut.at (brauchbar und informativ, alle praktischen Infos über Bestellmodus, Preise nebst ausführlichen Hinweisen über die Pflanzen des Sortiments, weiterführende Links)

HEIMISCHE WILDSTAUDEN (VERSAND ODER ABHOLUNG NACH TEL. VEREINBARUNG)

NATURGARTEN – MARTIN MIKULITSCH LANDSCHAFTSBAU KEG
DI Paula Polak, GtM Martin Mikulitsch, 1140 Wien, Andreas Lechnerstr. 5, Tel. 01 9791798, Fax 01 9791633, Mobil 0699-1150 6910,
E-Mail: office@naturgarten.at,
Internet: www.naturgarten.at (umfangreicher Online-Katalog, Informationen zu Versandbedingungen bzw. Selbstabholung in der Gärtnerei in Vösendorf bei Wien)

HILFE BEI PROBLEMEN MIT SCHÄDLINGEN

BIOHELP
Biologischer Pflanzenschutz - Nützlingszucht
1110 Wien, Kapleigasse 16, Tel.: 01 7699769-0, Fax: 01 7699769-16, E-Mail: office@biohelp.at,
Internet: www.biohelp.at

Literaturempfehlungen

Bund deutscher Baumschulen (BdB): Grün ist Leben. Band III: Handbuch Stauden. Band VII A: Handbuch Wildstauden für Wiesen und andere Freiflächen. Verlagsgesellschaft »Grün ist Leben« 13. Auflage, 2002

Witt, R., Dittrich, B. : Blumenwiesen. Anlage, Pflege, Praxisbeispiele. BLV, München 1996

Witt, Reinhard: Der Naturgarten. Lebendig, schön, pflegeleicht. BLV, München 2001

Witt, Reinhard: Wildpflanzen für jeden Garten. 1000 heimische Blumen, Stauden und Sträucher. BLV, München 2003

IMPRESSUM

Druck- und Verlagsges.m.b.H. Nfg. KG
Sturzgasse 1a, 1141 Wien
www.avbuch.at

PROJEKTLEITUNG Elke Papouschek für avBUCH
LEKTORAT & HERSTELLUNG
Claudia Stoifl für avBUCH, Wien
KORREKTORAT Axel Fussi, transculture, Wien
GRAFISCHE GESTALTUNG & SATZ Alexander Schuh, o- büro für visuelle kommunikation, Wien
BILDREPRODUKTION Hantsch & Jesch PrePress Services OEG, Leopoldsdorf bei Wien
ILLUSTRATIONEN Doris Papouschek, Wien
DRUCK LVDM Landesverlag Denkmayr, Linz
Printed in Austria

ISBN 3-7040-2134-2

Bildquellen

Umschlag und Kern: Alice Thinschmitd & Daniel Böswirth
www.gartenfoto.at